ネイティブに伝わる！

会計と
コーポレート・ガバナンス
の英語

English for Accounting and
Corporate Governance

フェアサーチジャパン株式会社
代表取締役

田中智子 著

Tanaka Tomoko

中央経済社

はじめに

　わが国の財務会計は，近年，急速に国際会計に近づきました。というのも，1990年代後半の「会計ビッグバン」と呼ばれた時期に，日本の会計基準の大改革が行われたことに加え，2000年代に入ってからは，国際会計基準であるIFRS（International Financial Reporting Standards　国際財務報告基準）が世界各国で導入されると，日本の会計基準もIFRSとのコンバージェンス（収れん）の作業としてさらに改正が加えられたからです。その結果，連結会計，時価会計，税効果会計，企業結合会計，減損会計，棚卸資産の評価など，さまざまな会計処理に修正と導入が加えられ，今では国際舞台で活躍する企業が日本の会計基準をベースに財務情報を提供しても遜色ないところまできています。

　一方，社会における企業の在り方そのものも大きく変化しています。企業の不正や違法行為はあとを絶ちませんが，内部統制を確立し企業理念を追求するというコーポレート・ガバナンスは，特にリーマン・ショックを境に世界中で一層強化されています。100年に1度といわれた金融危機・経済危機はなぜ起こったのかを考え，反省すると同時に，本来企業の目的とは何か，社会とどう関わり責任を果たしていくべきか，そしてそれをどう伝えていくべきか，という考察へと発展しています。そして今日，倫理的観点から会社はどうあるべきかの方針をまとめた「CSR報告書」や，環境保全に関する方針をまとめた「環境報告書」を作成する企業が増加しています。さらに，これらの報告と従来の財務報告とをあわせた「統合報告」という形をとる企業もあります。

　こうした動きの中で，国境を越えて会計や財務諸表に関わる人々，また，内部統制やコンプライアンスや監査などに関わる人々は年々増加傾向にあります。同時に，英語で説明する力を身につけたいと思う人々も一段と増えてきています。

　本書は，そのような要望に対して参考になるものが書ければと思いまとめたものです。

(1)

第1部では，最新の日本の財務会計に関して，企業の財務諸表（主に損益計算書，キャッシュ・フロー計算書，貸借対照表）を読み解く形で，主な会計科目や会計基準，その他関連用語などについて英語を示しながら解説しています。科目によっては基本的な仕訳の仕方にも触れていますし，実際の取引などで使う実践的な用語もピックアップしています。また，財務諸表や会計処理などを英語で説明するさまざまな状況を想定し，その状況下で事実や意見を伝える際に使える英語の例文をまとめました。実際に企業のウェブサイトのプレスリリースのところなどで使われている英文もいくつか引用させていただいています。これらは報告する際に使う英語が中心となっていますが，外国人などに説明する場合や，海外拠点などとEメールでやりとりする場合などでも応用して使えるものと思います。

　第2部では，コーポレート・ガバナンスを中心に，企業の組織や機関設計，内部統制，リスク管理，企業の社会的責任など，企業の在り方について考察し英語を用いて解説しています。こちらについても英語の例文のほかに，英文の監査報告書，企業のウェブサイト，アニュアルレポートや統合報告書からの抜粋を用いて解説しています。すでに英語力をお持ちの方でも参考になる資料と思っています。

　毎日の仕事で海外拠点や社内の外国人の上司や顧客とコミュニケートをするビジネスパーソン，銀行員，経理担当者，また，顧客の財務分析を行い英語でレポートを作成するアナリスト，内部監査担当者等の方々に，本書がお役に立てれば光栄です。

2018年6月

フェアサーチジャパン株式会社

代表取締役　田中　智子

会計とコーポレート・ガバナンスの英語

プロローグ
会計とコーポレート・ガバナンスの英語を学ぶにあたって ... *1*

第1部
財務諸表と会計の英語 ... *35*

- ① 会計 ＆ 会計原則 ... *36*
- ② 報告 ... *44*
- ③ 損益計算書 ... *51*
- ④ キャッシュ・フロー計算書 ... *72*
- ⑤ テーマ別例文集(1) ... *76*
- ⑥ 貸借対照表 ... *89*
  - 資産の部 ... *89*
  - 負債の部 ... *111*
  - 純資産の部とその他 ... *126*
- ⑦ 企業結合，現在価値，退職給付会計，リース会計など ... *137*
- ⑧ 報告書 ... *169*
- ⑨ テーマ別例文集(2) ... *173*

i

第2部

コーポレート・ガバナンスの英語 187

① 会社の設立および株式会社の機関設計 188

定款 188

株式会社 190

取締役 192

株主総会 196

取締役会 198

監査役 200

監査役会設置会社 201

指名委員会等設置会社 202

監査等委員会設置会社 204

② コーポレート・ガバナンス（企業統治） 208

コーポレート・ガバナンス 208

内部統制 212

コンプライアンス，法令遵守 216

リスクマネジメント 223

監査 226

③ 企業の責任，その他 236

製造物責任 236

企業の社会的責任 238

就業規則 243

従業員持株会 247

株主代表訴訟 248

業務停止命令 249

ワンポイント

- 決算月の悩み　Closing month bothers ……… *43*
- Stakeholder の語源は？ ……… *47*
- IFRS と US GAAP　Condorsement（コンドースメント） ……… *50*
- サンクコスト　Sunk cost ……… *55*
- 包括利益の背景 ……… *71*
- Payoff　ペイオフ ……… *90*
- Tangible の語源って？ ……… *102*
- 無形固定資産の評価は？ ……… *110*
- 銀行取引停止処分　Suspension of banking transactions ……… *114*
- 担保制限条項　Negative pledge clause ……… *122*
- 無額面株式　No par value share ……… *134*
- White knight さま〜！ ……… *145*
- Panama papers　パナマ文書 ……… *150*
- 2つの ADR ……… *157*
- Going public と going private ……… *191*
- 経営判断の原則　Business judgement rule ……… *195*
- Unqualified と qualified ……… *229*
- プロ的懐疑心　Professional skepticism ……… *233*
- 会計以外の不正発見の難しさ ……… *235*
- There is only one purpose of a business; to create a customer. ……… *246*

索引 ……… *251*

iii

プロローグ

会計と
コーポレート・ガバナンスの
英語を学ぶにあたって

本書は，会計とコーポレート・ガバナンスを
日本語と英語で同時に学び，国際的なビジネ
スマインドを養成することを目的としていま
す。第1部で会計の英語，第2部でコーポ
レート・ガバナンスの英語を学んでいきます
が，その前に，会計やガバナンスとはそもそ
も何なのか，両者はどういう関係なのか，ど
ういった場面でそれらの知識が必要になるの
かなど，前提となる基礎的事項を確認します。

日本のビジネスパーソンが海外で働く機会は年々増え，英語を使う機会は増えています。また，日本にいながらも，外資系企業で働く人，外国人の多い職場で働く人，そして，外国企業と取引のある企業で働く人など，職場で英語を使う場面は多くなっています。

　世界中に拠点を持つグローバルな企業で働く場合，営業（sales, marketing），総務（administration），経理（accounting），その他の管理部門なども含めて皆，本社が定めた世界基準（global standards）に基づいた業務マニュアルやスケジュールに従って働くようになってきました。その際，それぞれのお国の事情は二の次です。日本にいながら他国の支社や支店の人々と英語でEメール，電話，電話会議（conference call）をする機会も多く，国の垣根を越えた横のつながりを持つことが当たり前のようになってきました。そして，国は違っても企業の同一の目的に向かって働くためのスムーズなコミュニケーション能力が今求められています。

　本書は，国際的なビジネスマインドを持つうえで今日必要不可欠な，**企業の会計とコーポレート・ガバナンスに関する知識を日本語と英語で同時に学ぶこと**を目的としています。特定の職種に限らず知識として持っていたなら，また，感覚として身についていたなら国際舞台で必ずや役立つであろう会計とコーポレート・ガバナンスに関連する用語をピックアップしました。日本語から英語へ変換する形をとっていますが，単なる直訳にとどまるのではなく，深い理解と応用力が得られるよう日本語の解説に英語の例文を加えています。

　日本語でもよく使う，例えばディスクロージャー（disclosure），フェア（fair），コンプライアンス（compliance）などは，会計やコーポレート・ガバナンスに関連した言葉ですが，これらの言葉を理解し，英語で自由に使えるでしょうか？　すでにできる方は別として，このような用語の理解を深めたい方，そして，社内の外国人との会話やメモ，また，海外の支店や関係会社とのEメールのやりとりで使えるようになりたい方は本書を読んで大いに参考にしてほしいと思います。

Disclosure　情報開示

- The company refused to **disclose** the details of the transaction.

（その会社はその取引の詳細を開示することを拒否しました。）

- Such information should be **disclosed** to the public.
（そのような情報は一般公開されるべきです。）
- We cannot **disclose** the information without the concent of our customers.
（その情報は顧客の同意がなければ公開できません。）

Fair　公正な

- How is the **fair** market value of this transaction determined?
（この取引の適正市場価格はどのように決められるのですか？）
- The company violated the **fair** trade law in the country.
（会社はその国の公正取引法を犯しました。）

Compliance　法令遵守，コンプライアンス

- We have set up the **compliance** checklist.
（コンプライアンスチェックリストを策定しました。）
- This transaction is in **compliance** with our internal policy.
（この取引はわが社の内部規程に準拠しています。）

では，まず最初に，「会計」と「ガバナンス」という2つの言葉を簡単におさらいしておきましょう。

会計とは

　会計（accounting）は，企業のさまざまな経済活動を記録するためのルールです。また，その統一されたルールに基づいて企業のすべての取引（transactions）を記録し，計算し，報告することです。ですから会計を学ぶということは，数字で表された企業の活動や経営状況を正しく読み取るということにほかなりません。企業が毎期作成する決算書や財務諸表（financial statements）を読み取ることができれば，企業がどのような事業を進めているか，そしてその先には社会全体がどのように動いているかを理解できるようになります。自分の勤める企業の現状も把握できて，自分の未来設計に役立てたり，会計を中心に学んだ知識は投資判断にも役立ちます。

　ここで，「会計」と「経理・簿記（bookkeeping）」との違いについて少し触

れておきましょう。「経理・簿記」は決算書や財務諸表に至るまでの数字を作成する過程に重点が置かれていますが，「会計」は出来上がった決算書や財務諸表を読み取ることに重点が置かれているということです。作成する過程を勉強することと出来上がったものを読み取ることとでは，方向的には真逆ということになります。そこで，簿記や経理を習っていなくても会計は学べるか，複式簿記（double-entry bookkeeping）はわからないが大丈夫なのかという疑問をお持ちの方もいると思います。簿記や経理を勉強したからといってすぐに決算書を読み取ることはできませんし，また，会計からスタートした場合も，決算書を大まかにとらえることはできても，経理処理の詳細までは理解できないということになります。細かい処理も含めて会計学全般を学びたいのであれば，時間を費やしてさらに掘り下げていくしかありません。結局どちらから入っても良し。しかし一朝一夕には習得できないということです。

　ところで，会計はもっと簡単にいうと「お金の計算」ともいえますね。企業会計（corporate accounting）はとどのつまり，企業という組織のお金を計算して正しく報告することであり，その報告を継続的に行うためのプロセスということができます。

- **Accounting** information is important for stockholders, lenders and creditors.
  （会計の情報は，株主や資金の貸手や債権者にとって重要です。）
- Japanese GAAP is generally accepted **accounting** principles in Japan.
  （日本の GAAP とは，日本で一般に公正妥当と認められた会計基準のことです。）

ガバナンスとは

　ここで使うガバナンス（governance）は，corporate governance のことです。「企業統治」と訳されることが多く，少し馴染みにくいところがあります。類似語の government と同様，単語の前半部分の govern は「統治する」，「治める」という意味の動詞で，これに名詞化するための接尾辞（suffix）の -ment を加えて「統治」，そして「統治権を持つ政府」となるわけです。同様に governance も govern という動詞に名詞化する接尾辞の -ance を加えて，これも「統治」となるわけです。どちらも似たような意味の名詞になったので

4

すが，government は頻繁に使われ，国や公的機関を指す具体性のある言葉になったのに対し，governance は抽象名詞としての単語にとどまっています（実際は，-ment は主として結果を表すのに対し，-ance は状態や性質を表す場合が多いように思います）。

　さて，ガバナンス（governance）の意味に戻ります。少し説明的になりますが，**「企業の経営を管理するための仕組み」**のように理解しておくとよいかもしれません。1990年代以降に米国から徐々に広まった概念ですが，具体的には，企業の情報公開を進め，法令を遵守しながら効率的に運営するための仕組みであり，企業の不正などを防止しながら企業価値を高めていくための取り組みです。

　ガバナンスを強化するために，今日，企業はかつてないさまざまな部署を社内に設けています。法務部（legal department），内部監査部（internal control department），コンプライアンス部（compliance department）はその中心となる部署です。法務部は企業の事業に関わる契約や法的な問題を一手に引き受ける部署，内部監査部は企業の各部署が正確にそして効率よく稼動するための内部統制システムを構築して定期的にチェックする部署，コンプライアンス部は社員に法令遵守を徹底させて違法行為（illegal act）や不正（irregularities）などを未然に防ぐための監視をする部署です。そしてこれらの部署は直接，経営陣に報告するように組織されています。

　企業内の組織ではありませんが，外部監査，会計監査もガバナンスの重要な役割を担っています。定期的に企業に出向いては内部統制システムのチェックを行い，期末には財務諸表監査を行い，監査報告書を作成します。

　しかしながらコーポレート・ガバナンスの主役はまぎれもなく企業の経営陣です。日本の株式会社の場合，株主から委任された取締役（directors）が意思決定と業務執行を行います。そして，従来，社内の監査役（company auditor）が取締役の業務執行を監視するという形をとってきました。しかし，それでは本当の意味での監視は機能せず，さまざまな改革が行われました。今日では業務の執行と監視を分離してもっと効果的に実行するためのさまざまな取り組みが行われています。一例として，社外取締役（outside directors）の

設置がありますが，これは外部の有識者や役員経験者などを取締役として迎え，経営を担う取締役や執行役の監視役になってもらうことです。

　ところで，大企業が子会社や関連会社を有する場合，特に海外子会社（overseas subsidiaries）や現地での合弁会社（joint ventures）のガバナンスは大変難しい問題の1つといわれています。言語や文化が違ううえに，働き方や法体系も異なる国では，親会社や本社の迅速で明確な意思決定を社員に浸透させることは難しくなり，ガバナンスの在り方が最も問われるところとなります。

　ここまでの説明ですと，ガバナンスは企業を統制し継続させるための「守り」のシステムのように聞こえてしまうかもしれませんが，決してそうではありません。企業に内在する損失や不正の火種を封じ，企業を活性化させ，企業の価値を最大限に高めるための「攻めのガバナンス」を目指さなくてはならないのです。

- The board of directors is responsible for the **governance** of the company. （取締役会は会社のガバナンスに責任があります。）
- The difference between **governance** and management is that **governance** is the framework of the company which reflects how the company operates, while management reflects decisions and actions made within the **governance** structure.
（ガバナンスとマネジメントの違いは，ガバナンスは会社をどのように運営するかを示す枠組みであり，マネジメントはガバナンス体制の中で意思決定ととるべき行動を示すことである。）

会計とガバナンスの関係

　ここまでの説明で，企業の会計とガバナンスは密接に関わっていることが理解できると思います。ガバナンスは存在している（existing）だけでは意味がなく，機能している（in operation）ことが最も重要です。そのうえでガバナンスの効いた企業の会計情報は信頼性が高いのはいうまでもありません。

　とうことで次は，実際に決算書や財務諸表を読み解くための重要なポイント

をあげて解説したいと思います。

会計とガバナンスの知識が必要となる12項目

1　経営において重要な数字を覚えて数字に強くなる
2　貸借対照表を理解することは企業のビジネスの中身を理解すること
3　企業に十分なキャッシュはあるかを調べる
4　少なくとも過去3期分の決算書を比較して増減と比率をチェックする
5　資金調達力や財政支援について把握する
6　企業の将来性について考察する
7　グループ力を考慮する
8　業界の動向を把握し同業他社と比較する
9　決算書や財務諸表の信頼性や妥当性について考察する
10　経営陣の組織と動きに敏感になる
11　取引の妥当性について考察する
12　その他の考察事項

1　経営において重要な数字を覚えて数字に強くなる

　会計を学ぶということは，数字を読み取る力を身につけるということです。企業の決算書や財務諸表の数字から経営の状態を読み取り，健全な状態にあるのか，それとも脆弱なのか，あるいは危機的状況にあるのか，そしてその要因は何かなどを推測することは，ビジネスパーソンに必要とされる能力の1つです。数字を読み取る力を身につければ，一歩先の経営分析や企業診断などにも進むことができますし，経営者として企業の健全化や効率化のために何をすべきか具体的な対策を立てることも可能になります。

　それにはまず，普段から意識して数字に触れ，意識して数字を記憶するように心がけましょう。細かい部分は気にせず，数字を大まかにとらえるようにしましょう。企業において使う単位は，数千万円，数億円，数百億円と，個人が管理する単位の何百倍，何千倍にもなりますが，慣れてくると自然と大きな数字の中でも大小についての感覚を持てるようになるものです。

「私は数学が苦手だから…」，「僕も数字はちょっと…」と嘆く文科系の人もいるかもしれませんが，問題ありません。企業の経営の状態を読み取るという意味での会計の数字は，一部の数学的・数理的な部分を除いてほとんどが加減の世界で，数字合わせというか，パズルの謎解きのようなもので，むしろ芸術に近いとさえいえるのです。まずは，日頃から読んでいる新聞や経済誌などに載っている企業や業界の記事に目を通し，その記事に書かれている数字を正確に記憶し，記事の内容を頭の中で整理する訓練をしましょう。

ここで簡単な数字と英語のトレーニングをしてみましょう。

例題1

> HK社は今期800億円の設備投資を行う見通し。350億円を投じて埼玉県に物流センターを建設する予定だが，資金はほぼ取引銀行からの新たな借入でまかなう。

HK社に関して覚えるべき数字は，**設備投資額800億円と埼玉物流センター建設費350億円の2つ**です。そして数字以外の事実としては，物流センターの建設の資金は新たな借入により調達するということです。

次は英語で表現してみましょう。

例題2

> TZ社の2016年9月期の純利益は前年比15%減の19億円になった模様。売上は3%増の1,500億円だったが，基幹システムの刷新で減価償却費が増え，マイナス金利の導入で年金費用が膨らんだ。

TZ社に関して覚えるべき数字は，売上1,500億円（＋3％）と純利益19億円（－15％）の2つだけです。

純利益の減少の理由は，減価償却費の増加と年金費用の増加の2つです。

それぞれを英語に置き換えてみると以下のようになります。

売上 純利益	Sales Net profit	1,500億円 19億円	JPY 150 bllion JPY 1.9 billion
減価償却費 年金費用	Depreciation expense Pension cost	マイナス金利 2016年9月期	Negative interest rate FYE09/2016

あとはこれらの単語をつなげて意味の通じる英文にしてみましょう。

解答例1

Net profit of TZ Corporation in FYE09/2016 seems to have declined by 15% to JPY 1.9 billion. Sales grew by 3％ to JPY 150 billion, but depreciation expenses and pension costs grew as well.

解答例2

Sales of TZ Corporation grew by 3％ to JPY 150 billion in FYE09/2016, while net profit declined by 15% to JPY 1.9 billion due to the growth of depreciation expenses and pension costs.

　上記の2例はいずれも意味の通じる文として成立しています。ただあともう一歩，日本語にあるような純利益の減少を招いた要因についてきちんと述べられていません。基幹システムの刷新で会社の固定資産が増え，減価償却費が増加したこと，また，マイナス金利の導入で年金費用に関して会社の負担が大きくなったことにも触れて，説明力のある英文を完成させましょう。

Net profit of TZ Corporation in FYE09/2016 seems to have declined by 15% to JPY 1.9 billion. Sales grew by 3％ to JPY 150 billion, while the depreciation expense grew due to the renewal of the company's core system. Pension costs also grew under the negative interest rate.

　洗練度は別として，上のように書けたなら，自分の持っている情報を落とすことなく英語で記述できたという意味で100点満点ということができます。

2 貸借対照表を理解することは企業のビジネスの中身を理解すること

　前項では決算書や新聞記事などの数字を記憶して数字に親しむことをおすすめしましたが，これは決算書を読み解く前段階のトレーニングにあたります。そしてここからは，実際に決算書を読むにあたって大切なポイントをあげていきたいと思います。

　企業の決算書は，損益計算書（income statement），貸借対照表（balance sheet），キャッシュ・フロー計算書（cash flow statement），株主資本等変動計算書（statement of changes in shareholders' equity）から成り立ちますが，中でも貸借対照表，すなわちバランスシートの中身を徹底的に理解することは，企業の活動を正確に把握するために必要不可欠です。バランスシートは，資産，負債，純資産の３つの部分に分かれ，企業の会計年度の最終日（例えば2018年３月31日）における企業の財産や借金，そして資本金やこれまでに蓄積された利益の金額などを示しています。

　バランスシートは各企業によって使う勘定科目（account items）は異なりますが，わが国では業界によっても大きく異なり，使っている勘定科目が業界独自のものになっているため，ある意味わかりやすいともいえます。しかし，すべての産業（建設業，商社，電力会社，銀行，保険会社，不動産会社等）のバランスシートの中身を十分理解するためには最低３年くらいは必死に勉強しなくてはならないでしょう。さらに金融業のさまざまな業種（銀行，証券会社，保険会社，リース会社，投資顧問会社等）のバランスシートなども深く理解するとなると，それ以上の勉強時間が必要となるかもしれません。

　その中でも，**製造業のバランスシートは最もシンプルでわかりやすい**といえます。ものづくりをする企業は，通常，製品を作るための工場（plants, factories）を作り，製造設備（production facilities）を保有しています。これらは，有形固定資産（tangible fixed assets）としてバランスシート上に資産（assets）として計上されています。そして製品を作るために，労働者を雇い，原材料を仕入れ，製造設備の機械などを稼働させます。仕入れたばかりの原材

料から完成した製品に至るまでの途中経過の物や物質はすべて棚卸資産（inventories）となり，これもまた企業の立派な資産として計上されます。一方，仕入れた原材料の代金は支払が終わるまでは買掛金（payables）として負債に計上され，支払が終わるとその分の買掛金が減り，資産側の現預金も同額減ることになります。また，製品が外部の顧客に売れると，その分棚卸資産は減ることになり，代わりに売掛金（receivables）または受取手形（notes receivable）が増えることになります。その際，製品として顧客に売ったのですから，会社の利益分が売掛金などに上乗せされています。そして売掛金の代金が回収されると，つまり製品の購入者が支払をすると，その分，現預金（cash and deposits）が増え，その分，売掛金が減るというしくみです。

資産の部（assets）

「売掛金」や「受取手形」などの売掛債権は，企業がモノやサービスを売った際に計上される勘定科目ですが，それは将来企業に利益と現金をもたらす大切な資産であり，流動資産の中で最大の科目です。この中身についてはよく調査をしましょう。例えば，ある製造業者の売掛金が1億5,000万円あったとします。この1億5,000万円の売掛債権の相手先にはどのような会社があるのか，金額はそれぞれどのくらいなのか，回収日数は平均どのくらいか，延滞債権はないか等。可能なら決算書を作成した企業の財務部を訪ねて売掛債権の上位10社のリストを入手しましょう。そしてそれは売掛債権全体の何％を占めるのか，また売掛債権全体では何社ほどあるのか等を確認しましょう。

このように，流動資産には企業の主たる事業についての最も重要な情報が含まれています。それは製造業でなくても同様です。建設業の「完成工事未収入金」，リース会社の「ファイナンス・リース投資」，「営業貸付金」，総合商社の「営業債権その他の債権」などと呼ばれる勘定科目は，呼び方は異なりますが売掛債権に相当します。

ところでもし仮に，製造業を営むある企業の流動資産の中に，売掛債権のほかに比較的金額の大きい貸付金（loans）があるとします。その場合，この企業は本業の製造業以外に別の事業があることを意味します。と同時に，事業として貸付をしているのであれば，その相手先は誰なのか，その貸付金の返済日はいつなのか等，売掛債権の場合と同様に，詳しく調べてみる必要があります。

このほかにも資産の部にある比較的金額の大きな勘定科目については注意しましょう。もし有価証券（marketable securities）や投資有価証券（investment securities）の金額がかなり大きければ，剰余金が多いかあるいは投資（investments）に積極的な企業だということがわかります。また，これらの有価証券は時価（market value）で再評価されて計上されているのか，それとも取得原価（acquisition cost）のままなのか，もし取得原価のままの場合は含み損（unrealized loss, latent loss）が含まれているか否かについても調べなくてはなりません。大企業や上場企業は時価会計を採用していますが，中小企業の場合はそうとは限りません。

　また，上記とは別に，資産の部に含まれていても，実際には資産性のない科目もあります。「前払費用」や「繰延資産」（または「繰延費用」）などがそれです。「繰延資産」はすでに何かの代金を一括で支払ってしまっているにもかかわらず，その費用の効果が複数年に及ぶ場合，その効果の及ぶ期間にあわせて費用を分割して計上するため，費用とならない部分は資産として計上しておくというものです。

負債の部（liabilities）

　企業は，原材料や商品を仕入れ，製造設備を購入し，また，労働者を雇って賃金を支払い，社会保険に加入したりするなどさまざまな資金が必要となります。会社を設立したときの資本金と売上から得られる利益の蓄積とでそれらの支払ができればよいのですが，成長の速い企業などはそれだけでは足りなくなっていきます。そこで金融機関などから借入をすることになります。借入金は，借入期間が1年以内なら短期借入金（short-term debt）として流動負債に，1年を超えるものは長期借入金（long-term debt）として固定負債に計上します。借入金は利息が発生する有利子負債（interest-bearing debt）ですので，借入過多になると金利負担によって利益が圧迫されるおそれがありますので注意しなくてはなりません。

　無借金経営を続けている優良企業のバランスシートの流動負債には，借入金や社債などの金融債務はなく，あるのは主たる事業から発生する債務，すなわち原材料や商品，サービスの購入によって発生する「支払手形」（notes payable）や「買掛金」（accounts payable）などの仕入債務です。また，主た

る事業に直接関係のない「未払金」（other payables）や負債性のない「預り金」や「未払費用」などの科目もあるでしょう。また，税務署に支払うべき法人税である「未払法人税」も支払が済むまで計上されることになります。

純資産の部（net assets）

　資産の部から負債の部を引いたもので，自己資本ともいいます。純資産の部は資本金，資本剰余金，利益剰余金から成り立っています。利益剰余金の大きな企業は過去からの利益の蓄積がたくさんある企業です。また，純資産の部がマイナスの場合は，債務超過（liabilities in excess of assets）であり，このような場合は通常，借入過多にもなっている場合が多く，財政的には大変危険な状態といえます。

　ところで，日本の企業は過去30年の間に自己資本を確実に増やしてきました。かつて自己資本比率は上場企業の場合でも10〜20％程度でしたが，現在は平均30〜40％に増えています。これは必ずしも良いこととはいえませんが，少なくとも安定性があり，健全な経営をしている会社とみなされる確率はアップします。

　さてここまではバランスシートを理解することの重要性について述べました。
　では，損益計算書（income statement）は重要でないのかというと，決してそうではありません。企業の売上および利益，利益率（profitability）は企業の成長力そして将来を推測するうえでとても重要です。特に株価分析においては企業の収益性は第一ですから，企業の損益計算書は最も重要な情報といえます。しかし，こちらは比較的シンプルであり，業界が異なっても同じような形式になっていて，会計や財務分析の初心者でも理解しやすいといえます。売上（sales）が伸びれば，必要経費を十分にまかなうことができて利益（profit）も増えますし，逆に売上が減少すれば，損失（loss）を被る可能性が高くなります。特別利益や特別損失などが計上されている場合にはその内容と意味合い（implecations）についてよく考えましょう。特別利益や特別損失の計上には，企業の経営者の意思が反映されている場合が多いからです。

3　企業に十分なキャッシュはあるかを調べる

　キャッシュがあるかどうかというのは企業にとって最も現実的な問題です。

商品や原材料の購入代金を支払うためのキャッシュはあるか，従業員に給料を支払うキャッシュはあるか，税務署に税金を納めるキャッシュはあるか，期日の到来する借入金の返済はできるか，と企業は日々の支払に追われています。さまざまな支払が生じても，それと同等かそれ以上の入金が事業から生じる限り問題はありません。しかし，売上が伸びず，キャッシュを生み出す能力（cash generating ability）がないにもかかわらず事業を続けていると，挙句の果てに支払不能（insolvent）に陥り，倒産（bankruptcy）ということになりかねません。

　損益計算書に利益が計上されている企業に必ず十分なキャッシュがあるとは限りません。毎期利益を計上している企業が突然死（倒産）したという事例は少なくありません。もっとも，突然死に見えるのは，その企業をよく知らない外部の人から見た場合の話です。企業にキャッシュがあるかどうかは，損益計算書からはわからないようになっているからです。なぜなら，損益計算書は家計簿のように現金の出入りをそのまま記録するのではなく，そのタイミングを変えて収益や費用という形で適切に期間配分し，利益をとらえているからです。その代表的な例が減価償却（depreciation）です。

　企業にキャッシュがあるかどうかは，キャッシュ・フロー計算書（cash flow statement）を読み解くことで見えてきます。キャッシュ・フロー計算書は，企業の活動を単純な家計簿の世界に戻して，企業の財布の中身をチェックして現金の出入り（inflows and outflows）をとらえ，期末にはキャッシュがどのくらいあるかを示すものです。わが国では2000年頃から使われるようになったので新しい概念のように考えている人がいるかもしれませんが，むしろ原始的な方法に戻して企業の財布の中にあるお金を覗いているようなものです。

　実際，キャッシュ・フロー計算書は3つの活動（営業活動，投資活動，財務活動）に分けてキャッシュ・フローをとらえていますが，営業活動によるキャッシュ・フロー（cash flow from operating activities）は企業の主たる事業からどのくらいキャッシュが生み出されているかをとらえています。期末の営業キャッシュ・フローが少なくなっていて，その理由が，売上が伸びず棚卸資産（inventories）が増加傾向にある場合や，売上があがっていても売掛債権が増加しているだけで回収ができていない場合などは危険信号といえます。特

に売掛債権の回収ができていない場合は，取引先の財政事情に問題がある場合もありますので，貸倒れになる可能性はないか調べましょう。

　営業キャッシュ・フローが少なくなると，その分，金融機関などからの借入金を増やしてキャッシュをまかなおうとするのが常です。財務活動によるキャッシュ・フロー（cash flow from financing activities）が増えるのはこのように営業キャッシュ・フローが減っているときです。「自転車操業」という例えがあるように，自転車はペダルをこぎ続けなければ転倒してしまいます。この自転車の状態を資金繰りに例えて，資金の借入と返済を繰り返し，かろうじて操業を続けているということで，とても危険な状態です。

　もう一つ，企業には投資活動によるキャッシュ・フロー（cash flow from investing activities）がありますが，これは主に設備投資のための固定資産を購入したり売却したりすることから生じるキャッシュ，または，有価証券などの売買によるキャッシュの出入りをとらえています。この活動も営業活動によるキャッシュ・フローの影響を大きく受け，営業キャッシュ・フローが潤沢なときは設備投資なども積極的に行うことができますが，そうでないときは抑えようとしますし，場合によっては所有している固定資産や投資商品を売却してキャッシュを生み出すこともあります。

　景気の良い時期に企業が成長過程にあるときには，入金よりも支払のほうが先行することも多く，その結果，危機的状況ではなくてむしろ事業が活発な状況といえるのに営業キャッシュ・フローが減ってしまう場合もありますので，さまざまな角度から企業の状況を考えてみる必要があります。

　ところで念のため，ストック（stock）としてのキャッシュの指すところは，現金（cash）や銀行預金（bank deposits）のことです。実際には，換金しやすい有価証券（marketable securities）や債権が企業内にあれば，それもキャッシュとみなして考えることができるでしょう。

15

4　少なくとも過去3期分の決算書を比較して増減と比率をチェックする

　企業の決算書や財務諸表は，少なくとも3期分を入手するようにしましょう。まず企業の事業年度末（fiscal year end）が何月かわかったら，最新の決算書とその前の2期分（少なくとも）の決算書を入手して，その数字を時系列で追ってみましょう。損益計算書の利益や貸借対照表の各勘定科目についての増減や前年対比を算出することで，企業の業績や財政状態が良くなっているのか，悪化しているのかが明確になるでしょう。

　ここでは伝統的なレシオ分析（ratio analysis）で使われる指標の代表的なものをいくつか取り上げてみたいと思います。

安全性・健全性の指標　（貸借対照表の数字から）

○自己資本比率（Equity ratio）＝（自己資本÷総資産）×100（％）
　　⇒総資産のうち自己資本がどの程度あるかを示しています。自己資本比率が高いほど，安定的な企業であることを意味します。

○流動比率（Current ratio）＝（流動資産÷流動負債）×100（％）
　　⇒短期の資産と負債とを比較して，短期の支払ができるかどうかを示しています。パーセントではなく，1.1，1.3のように表す場合もあります。

○固定比率（Fixed ratio）＝（固定資産÷自己資本）×100（％）
　　⇒固定資産に使用した資本の調達が，自己資本でどのくらいまかなわれているかを示しています。

収益力の指標　（損益計算書の数字から）

○売上高総利益率（粗利率）（Gross profit margin）
　　＝（売上総利益÷売上）×100（％）
　　⇒企業が，製品や商品を売って単純にどのくらいの利益をあげたかを示したものです。企業の利益の源泉の部分です。

○売上高営業利益率（Operating profit margin）
　　＝（営業利益÷売上）×100（％）
　　⇒企業の営業活動全体からどのくらい利益をあげたかを示しています。企業

の本業における利益の具合を示しています。

○売上高純利益率（Net profit margin）=（純利益÷売上）×100（％）

　⇒法人税などの費用もすべて考慮したうえで，企業がどのくらい利益をあげ
　　たかを示しています。

○株主資本利益率（ROE，Return on equity）

　=（純利益÷株主資本）×100（％）

　⇒資本金すなわち投下した資本に対して，企業がどのくらい利益をあげたか
　　を示しています。

○総資本利益率（ROA，Return on assets）

　=（純利益÷総資産）×100（％）

　⇒企業がすべての資本を活用してどのくらい利益をあげたかを示しています。

効率性の指標

○売掛債権回転率（Receivables turnover）

　=売上÷（売掛債権合計の期首と期末の平均）

　⇒商品を販売してから売掛債権が回収されるまでの期間を表したものです。
　　売掛債権が1年間に何回転するかを表しています。

○棚卸資産回転率（Inventories turnover）

　=売上原価÷（棚卸資産の期首と期末の平均）

　⇒在庫が1年間に何回転するかを示しています。

○買掛債務回転率（Payables turnover）

　=売上原価÷（買掛債務の合計の期首と期末の平均）

　⇒買掛債務が1年間に何回転するかを示しています。

　なお，上記の3つの回転率を回転日数に置き換えるには，365（日）を算出
された回転率で除することで得られます。

支払能力の指標

○インテレスト・カバレッジ・レシオ（Interest coverage ratio）

　=（営業利益＋受取利息配当金）÷支払利息

　⇒営業利益からどの程度借入金の利息をまかなえるかを示します。

○有利子負債営業キャッシュ・フロー比率

　=有利子負債÷営業活動によるキャッシュ・フロー

⇒現在ある借入などの利息の発生する負債を，営業活動によるキャッシュ・フローを使ってどの程度返済できるかを示します。

株価水準を測る指標

○1株当たり利益（Earning per share）＝当期利益÷発行済株式数

　⇒1株につきどのくらい利益をあげたかを示します。投資判断に役立つ指標です。

○株価収益率（PER，Price earning ratio）＝現在の株価÷1株当たり利益

　⇒1株当たりの利益と株価を比較して割高か割安かを示しています。

○株価純資産倍率（PBR，Price booking ratio）

　＝現在の株価÷1株当たり純資産

　⇒株価が，会計上の解散価値である純資産の何倍かを示しています。

　上記の指標を用いて企業を分析することは，個別の企業の事業の推移を理解するうえで大変有効といえます。しかしながら比率だけを重視するのは分析としては不十分です。その企業の背景にある業界や景気の動向，為替の推移などさまざまな要素を勘案し，比率の本当の意味するところを理解しなくてはなりません。

　大企業の調査部や審査部などでは，相手先の企業を分析するための財務分析システム（financial statement analysis system）が社内に構築されている場合も多いでしょう。そのシステムに2期以上の決算書を入力すると前年対比やさまざまな比率をシステムが算出してくれます。また，決算書にはない例えば業態や業歴などの非財務情報（non-financial information）も入力すると，総合評価および社内格付（internal rating）もはじき出してくれます。システムのおおもとではカントリーリスク，為替や金利などの情報も定期的にアップデートされ，そのうえで個別の企業の審査担当者が分析を行います。そしてどの国の企業についても，1つのシステムから抽出された総合評価と社内レーティングを用いて稟議書（credit application）を作成し，それに基づいて本店で議論し取引の決裁をするというプロセスを踏みます。

　このような比率重視のシステムは，きわめて客観的で，万国共通の分析ツールとして有効であり，与信管理（credit monitoring）の際にも大変効率的とい

えます。しかしながら，このようなツールには限界があり，システムには反映しきれない国の事情や，企業の一会計年度の特殊事情が考慮されないため，もし100％頼ってしまうと失ってしまうかもしれないビジネスチャンスがあることも忘れてはいけません。

5　資金調達力や財政支援について把握する

　企業の資金調達（funding, financing）は，キャッシュを生み出す能力（cash generating ability）と大きく関わっています。無借金経営で事業を継続できればそれに越したことはありませんが，企業が成長していく過程においては，事業から生み出されるキャッシュが支払に追いつかないこともしばしばです。その場合企業は，金融機関から短期の借入金を調達して日々の運転資金（working fund）に充てたり，生産設備などの固定資産の購入の資金を長期の借入や社債の発行による資金などでまかなうことになります。

短期借入金

　短期借入金とは，通常，企業が金融機関から1か月，3か月，6か月，12か月などの期間（tenor）で借り入れた資金です。貸出を行う金融機関側は相手先の企業が利息および元本を100％返済することができるかどうかを判断することになります。

　決算書などの内容からキャッシュ・フローの状況も良くなく，返済能力が低いと判断された場合，借入金額を十分にカバーする評価額のある土地や建物，または有価証券などの担保（collateral, security）を差し入れることが求められます。そして貸出が始まると，返済日に特に問題がなければまた3か月，6か月と延長することが可能です。もし，企業の財政状況が悪化して利息の支払ができない場合には，延長をストップし，元本の返済および利息の支払を待つことになりますが，それができないとなるといわゆる焦げ付き債権，不良債権の発生です。返済がどうしてもできない場合は担保権を行使して，企業の固定資産を売却して返済金に充当することになってしまいます。

　上記のことを考慮すると，担保を差し入れずに金融機関から短期の借入ができる企業はある程度の信用力があるとみなされていると推測できますし，また，

19

担保として差し入れる資産が企業内になく，社長の固定資産や別会社からの資産を担保に差し入れている場合などは，かなり資金繰りが切羽詰まっているといえます。また，一行の金融機関からのみ多額の借入をするのもあまりよくありません。その一行との間に何らかの問題が発生した場合に，借入先がなくなってしまうリスクがあるからです。

長期借入金など

一方，中長期の借入金や社債発行となると，もっと厳しくなります。設備投資などのための資金調達，つまり借入や社債などを発行する場合，その期間は1年超です。貸手の金融機関や社債の保有者は，2年後，3年後，5年後の企業の返済能力を推察しなければなりません。たとえこれまでの決算書の内容が良くても，3年後，5年後の状況も良いとは限りませんから，それだけ十分な調査と審査が必要になってきます。返済計画も作成してもらわなければなりませんし，あわせて企業の中長期のビジョンはどうなっているか，また企業が属する業界は衰退していないか，製品やサービスに他社に負けない競争力はあるかなどを総合的に判断しなければなりません。

逆をいえば，ある企業のバランスシートを読んで，もし中長期の借入金や社債などがあったなら，その企業は金融機関にかなりの信用力があると判断されている企業といえるでしょう。もしそれが一行ではなく複数行ある場合，かなり資金調達力のある企業といえます。ただし，中長期の借入の場合は，紐付きつまり固定資産の取得のための借入なら，その固定資産に担保が設定されている場合がありますので要確認です。

メインバンク

ところで，企業の「メインバンク」や「系列」という概念は以前ほど強くはありませんが，今も存在しています。例えば，総合商社の三菱商事の場合，メインバンクは三菱UFJ銀行，そして三井物産や住友商事のメインバンクは三井住友銀行というのは名称からして一目瞭然ですし，伊藤忠商事のメインバンクはみずほ銀行です。このような関係は経済界の長い歴史の流れの中で築かれたものであり，その関係はそう簡単に変わるものではありません。メインバンクは取引銀行の中で最も借入額が多く親密な関係を維持している銀行です。

企業の期末の金融機関残高明細表（または銀行借入残高表，残高明細表）を入手してみましょう。この残高明細表というのは期末における各取引銀行からの借入額の残高が記載されたものですが，期末の借入額は，メインバンクと呼ばれる金融機関の残高が最大で，その次に関係の深い金融機関の残高が2番目，そのあとについても見事にその関係性を反映した金額となっている場合が多いのです。

財政支援

　メインバンクは企業と最も関係が深く，貸出がトップの取引銀行というだけでなく，もし企業に何かの理由で急を要する資金需要があるとき，あるいはもっと重大な問題が発生して企業の存続に影響を及ぼすような事態になった場合，真っ先に支援をする可能性の高い銀行といえます。このようなメインバンクや，財政支援（financial support）を約束してくれる企業（親会社などの関係会社も含めて）があると，企業の信用リスクの補完（credit enhancement）またはリスクの緩和（risk mitigation）となるのです。

例 金融機関残高明細表（2017年9月末）

	金融機関名	短期借入	長期借入	合　計
1	O銀行	2,000	2,000	4,000
2	P銀行	1,000	1,500	2,500
3	Q銀行	1,000	1,500	2,500
4	R銀行	1,000	1,500	2,500
5	S銀行	500	1,000	1,500
6	T信用金庫	500	500	1,000
7	U信用金庫	300	500	800
8	V外国銀行	300	500	800
9	W外国銀行	100	0	100
10	その他	100	0	100
	合　計	6,800	9,000	15,800

（単位：百万円）

　ところで金融の規制緩和によって，中小企業なども，銀行借入だけでなく金融市場から直接資金調達できる環境が整備されてきました。そのため，以前と比べて銀行借入だけでなく株式や社債を発行して資金調達するという企業が増えてきています。そしてこの直接金融へのシフトもまた，企業のディスクロージャーの促進に一役買っています。

6　企業の将来性について考察する

　決算書や財務諸表は企業の「成績表」ともいえますが，それは過去のデータにすぎません。私たちはその企業の過去をよく知ったうえで，未来を予測しなくてはなりません。特に**「成長性」は，企業の未来を左右する重要なポイントです**。ここでは，特に未来を予測するために考慮すべきポイントを考えてみたいと思います。

中長期計画またはビジョン（medium and long-term plan（vision））

　企業の戦略とそれに基づいて作成された3〜5年の実現可能な業績の予想値を知ることは，中長期の取引の可能性がある場合には特に有効です。

製品力や新製品，新サービス

　市場に出ている製品の強みや弱みを把握し，競合他社（competitors）との製品の比較や競争力の比較をしてみましょう。

設備投資（facility investment）や資本的支出（capital expenditure）

　設備投資は，企業が継続して事業を行うため，生産能力の拡大のために長期にわたって利用する設備に対して投資を行うことですが，商品のように売ってすぐ回収とはいかず，やりすぎると危険ですが，手控えると競争力を失いかねません。分析する側は，設備投資が企業の利益や自己資本に見合った額になっているか，また，いつから利益に寄与するのかを分析することが重要です。

研究開発費（R&D expenses）

　長きにわたって研究を重ねることで新製品が生まれる事業の場合，毎年の研究開発への投資は欠かせません。しかし設備投資同様，やりすぎて企業の利益に悪影響を与えるというようなことのない研究開発でなければ意味がありません。

社会のニーズ（social needs）

　上記のすべての項目に通じるところですが，企業の事業が時代や社会のニーズに合ったものかどうか，また，ニーズの変化に対応できるかどうかなど根本

的なところに目を向けてみましょう。

7　グループ力を考慮する

　企業の個別の分析が一通り終わったなら，今度はその企業が帰属しているグループがあるかどうかについて調べましょう。どこにも帰属しない独立した企業なのか，それとも大会社を親に持つ子会社（subsidiary）なのか，あるいは関連会社（affiliate）なのかなどによって，企業の実際の信用力は大きく変わってくるからです。

　例えばリース業を営むある企業の決算書を見てみると，会社の規模は小さく，3期連続赤字で，自己資本比率は低く，そのため借入金の額もかなりあります。とても取引を始める状況ではないと判断します。ところが，実はその企業は，業歴も長く業績もそこそこ良い大手工作機械メーカーの100％子会社だと判明します。この場合，子会社単独で見た場合の信用力は低いとされるものの，親会社の規模と安定性が考慮されることになります。

　資金調達力や財政支援のところでも少し触れましたが，100％保有の子会社の財務状況が悪化した場合に，親会社は子会社に対して何らかの支援をすると予測ができます。支援とは，子会社の増資かもしれませんし，貸付金という形をとるかもしれません。もっと構造的な改革をして，他の子会社との合併という手段もあるかもしれません。いずれにしても単独の会社ではなく親会社が存在するということはリスクの緩和（risk mitigation）になります。しかしながら親会社と子会社は別々の法人格ですから，実際に信用力の低い子会社と取引を開始するとなると，親会社からの保証状（letter of guarantee）などを差し入れてもらい，親会社の子会社へのコミットを確実なものにする必要が出てくるでしょう。

連結財務諸表（consolidated financial statements）
　親会社と子会社が属する明確なグループが存在する場合にはそのグループ全体の数字，すなわち連結財務諸表を分析しましょう。連結財務諸表は，中心となる親会社の決算書に，親会社が50％超の議決権を保有する子会社や，20％以上50％以下の議決権を保有する関連会社の業績を加えて作成する財務諸表です。

23

通常，子会社は親会社に完全に連結され，その際，親子間の取引は消去されます。一方，関連会社は親会社の投資額と，投資比率に見合う利益を連結貸借対照表と連結損益計算書にそれぞれ1つの勘定科目で示しています。親会社単体の業績が良くても連結の損益計算書では利益がないという場合もあります。その場合，子会社や関連会社の業績不振ということが見えてきます。

グループの中には親会社と異なる業種の会社があることも多々あります。例えば自動車会社の子会社にリース会社や金融業者などがある場合や，IT企業が販売子会社やスポーツ関連の子会社を持っている場合など，グループとしての事業は多岐にわたることも少なくありません。主たる業務から派生してできた事業もあれば，企業買収（M&A）等で突然手に入れた新しい事業もあります。他業種が複数含まれる場合，連結財務諸表だけでは分析は難しくなりますが，有価証券報告書（annual securities report）を作成している場合は，グループ全体を事業の種類別セグメント（business segment）に分けて，売上，営業利益，資本的支出などを開示していますので，どのセグメントが好調か否かを把握できるでしょう。

ところで中企業に多いのですが，親会社が持株会社（holding company）ではなく事業会社（operating company）の場合，子会社がたとえ数多く存在していてもその規模はどれも小さいことが多く，売上の連単倍率（連結売上高÷親会社の売上高）は平均1.1～1.2といったところです。したがって親会社の財務諸表は，連結のそれと大きく異なることはないといえるでしょう。

8　業界の動向を把握し同業他社と比較する

先に企業の時系列比較をすることの有効性について述べましたが，さらに企業がどのような環境の下で事業を行っているかを把握するために，企業の属する業界の動向を把握することも忘れてはいけません。業界の分類は，製造業と非製造業，また，製造業はさらに機械，化学，電気機器，輸送機器，食品など，非製造業なら建設，卸売，小売，不動産，情報通信など。成長または衰退の途にある業界か，新規参入は容易か否か，法的規制の影響はあるかなど，マクロ経済のマインドを使って企業をとらえましょう。

同じ事業を営む企業（peers）をピックアップして，業界における位置付け（ranking），マーケットシェア（market share），製品の技術力や競争力（少々難しいですが），利益率の比較，さらには設備投資額，研究開発費などの比較も有益です。仮に個別の分析で利益率が悪化する傾向が認められたとしても，それが業界全体の傾向であるとすれば，その企業は平均的といえますし，ネガティブな評価を与えるには及びません。

例 日本の鉄鋼メーカー（大手高炉メーカー）比較（2017年3月期）

（単位：十億円）

	社　名	粗鋼生産量 （百万トン）	売上高	営業利益	当期利益*
1	新日鐵住金	46.1	4,632	114.2	130.9
2	JFE	30.2	3,308	96.7	67.9
3	神戸製鋼所	7.2	1,695	9.7	-23.0
4	日新製鋼	3.9	525	7.8	1.6

＊親会社株主に帰属する当期利益

日本の粗鋼生産量は約1億500万トン。日本の高炉メーカーは合併が進み，現在では大手は4社。4社で日本の粗鋼生産量の約9割近くを占めています。

なお，日新製鋼は2017年3月に新日鐵住金の連結子会社（100％）となっています。

データの活用

日本の場合，有力な産業には業界団体（鉄鋼連盟，電機工業会，自動車工業会など）があり，生産，販売，市況などのさまざまな資料の提供をしています。また，日本銀行（日銀）（Bank of Japan）や財務省（Ministry of Finance）などの官庁統計，あるいは民間の金融機関やシンクタンクの作成する経済データや産業調査レポートなども入手可能ですので積極的に利用しましょう。データは多いに越したことはありません。多くのデータの中から有益な情報を取り出して活用しましょう。

しかし，今や国内の同業者と比較分析をするだけでは十分とはいえません。実際の市場は世界なのですから。例えば上記の高炉メーカーは，実は，アルセロール・ミタル Arcelor Mittal（ルクセンブルク），宝武鋼鉄集団 Baowu

Steel Group（中国），河鋼集団 Hesteel Group（中国），ポスコ POSCO（韓国）等の海外の大手鉄鋼メーカーと世界市場で戦っています。これらの会社の売上や利益率と比較をしてみる必要もあります。

　というわけで海外の企業の財務諸表も必要となりますが，海外の大手企業も日本企業と同様，英語のウェブサイトを作成していて投資家向けの情報もありますので財務諸表もそこから入手しましょう。その際，海外の企業の会計基準は日本とは異なるのではないか，会計期間はバラバラになるのではないか，為替レートはどうするのかなど不安になるかもしれません。しかし先にも述べたように，財務諸表を読み取るときには，数字を大きくとらえることが大切ですから，あまり細部にとらわれずこの際ざっくりとした数字をとらえることで良しとしましょう。たとえ，万国共通の国際会計基準（International Financial Reporting Standards, IFRS）を採用していなくても，各国の会計基準はかなり近づき，比較可能（comparable）な段階にきています。

　海外の企業の財務諸表をウェブサイトから入手できない場合は，信用調査会社に頼ってみるのもよいでしょう。わが国の信用調査会社は海外の信用調査会社と提携していますので，世界中の企業の財務諸表や信用調査レポート（credit report）を取り寄せることが可能です。積極的に利用してみましょう。

例 世界の鉄鋼メーカー比較（2016）

		Country	Crude Steel Production (Million ton)	Sales	Net Profit
1	Arcelor Mittal	Luxembourg	91	56,791	1,779
2	Baowu Steel Group	China	60	46,406	442
3	Hesteel Group	China	47	11,783	318
4	Nippon Steel & Sumitomo Metal Corp.	Japan	46	42,109	1,190
5	POSCO	South Korea	41	47,650	1 220

(Unit : USD Million)

9　決算書や財務諸表の信頼性や妥当性について考察する

　現在，日本における企業の数はどのくらいあるでしょうか。ある政府機関の統計によると，日本の企業数は420万社以上で，そのほとんど（99％以上）が中小企業といわれています（中小企業の定義は，資本金が3億円以下，1億円以下と業界によって異なります）。企業の決算書，財務諸表と一口にいっても，その指すところは個人事業主に限りなく近い企業が作る3～4ページの簡単な決算書もあれば，中企業などが作成する財務諸表に概況や注釈のついた「営業報告書」（business report）もあります。また，大会社や上場企業などが財務省に提出する「有価証券報告書」（annual securities report）や証券取引所に提出する「決算短信」，投資家向けに作成する「アニュアルレポート，年次報告書」（annual report）など，その情報量や開示の仕方は大きく異なります。また，決算書，財務諸表の信頼性（reliability）や妥当性も企業によって大きく異なります。

財務諸表監査を受ける法人

　上場企業や大企業などは独立した監査人（auditor）に本決算の財務諸表の監査を依頼し，監査証明書を取ることが義務付けられています。財務諸表監査は，一般に公正妥当と認められた監査基準（generally accepted auditing standards）に基づいて財務諸表の適正さ（fairness）について意見を表明することを目的としています。上場企業の場合，財務諸表の数字の如何が即座に株式市場（stock market）に反映されますし，そもそも株主（stockholders），投資家（investors），債権者（creditors）や企業の製品を買う人々（consumers）など，いわゆる利害関係者（stakeholders）の数は極めて多いわけですから，その財務諸表が及ぼす影響に鑑みると，不適切な会計処理や虚偽記載は避けなくてはなりません。

　財務諸表監査が終わると，監査人は監査報告書（audit report）を作成しますが，その中で財務諸表の適正性についての意見を表明します。「すべての重要な点において適正に表示しているものと認める」という文言が書かれていたなら，それは無限定適正意見（unqualified opinion）であり，財務諸表はおおむね正しく作成されていることを保証しています。

監査の義務のない法人

　一方，資本金が5億円未満の企業には財務諸表の監査の義務はありません。小規模の企業の場合は従業員も少なく経理担当者も少ない。外部の税理士や公認会計士から経理処理や税務に関して専門家としてアドバイスを受けたり，決算時や税務申告時に，実際に決算書や税務申告書の作成に関わることがあるとしても，それは経理や税務のサポートであって監査ではありません。実際，小規模の企業は株主の数も多くはありません。株主が社長やその家族に限られていることも多く，決算書を提出するのは，借入をしている金融機関などの債権者と税務署だけというケースも少なくないのです。そのような状況下で，特別な目的がある場合は別として，高額の監査費用を支払って自主的に財務諸表の監査を受けようとする企業はまずほとんどないといっていいでしょう。

　ということで，企業の決算書がどのような環境のもとで作成されているかを考慮してその信頼性や正確性について考察しましょう。決算書の内容があまりにも薄い場合には，それだけで信頼性の低いものと結論付けるのではなく，根気強く質問を重ねて情報を得るようにしましょう。企業に頼んで税務申告書（tax return）を提出してもらうのも良い方法です。なぜなら税務申告書には決算書はもちろんのこと，別表や附属明細表などが添付されていて情報も多いですし，課税所得（taxable income）を知ることで，税引前利益（income before taxes）との差額は何から発生しているのかを理解する機会を得ることができます。

　もし最新の決算書の分析の過程で，会計処理の仕方を変更したり，会計の見積もり（accounting estimate）の変更をしている場合は，その変更が妥当なものかどうかを確認する必要があります。以前より適切な処理に変更したということであればよいのですが，利益を少なくするためあるいは多く見せるための操作ということであっては決してなりません。一度採用した会計処理は継続して使わなくてはならないという継続性（consistency）の原則に反することになります。また，もし企業の貸借対照表と損益計算書との流れの中に違和感があるようであれば，実際そこに間違いが存在するのかもしれませんし，それはひょっとすると単なる間違いではなく，場合によっては粉飾（window dressing）の可能性があるかもしれませんので，慎重な調査が必要です。

10　経営陣の組織と動きに敏感になる

　私たちが手にして読み解く決算書や財務諸表というのはおおむね株式会社のものです（といっても，2006年以前に設立された有限会社もあれば，合同会社の場合もあります。また，学校法人や宗教法人，政府系機関，地方自治体などの場合もあるでしょう）。ここではまず，株式会社の組織と決算書について考えてみましょう。

　株式会社（stock company）は株式を発行して設立する法人ですが，株式会社は誰のものかというと，それは出資をした人，つまり株主（stockholders）のものです。そして会社を運営しているのは誰かというと，株主に選ばれ，株主から委任された取締役（directors）です。取締役は会社の運営に対して義務と責任を負います。決算書や財務諸表は，株主が出資した資金を，株式会社としてどのように運用したのかを記録したものですから，取締役はこの運営の結果である決算書や財務諸表に全責任を負うことになります。例えば，上場企業の決算説明会やアナリストミーティングに出席したことのある方はお気づきだと思いますが，説明会ではたいてい，取締役の方（時には代表取締役）が決算の概略を説明しているでしょう。取締役が決算書について全責任を負うわけですからこれは当然ということになります。決算書は経理部が作成しているのだから経理部の責任なのではと思っている人がいたらここで訂正しておきましょう。経理部長は取締役経理部長でない限り，従業員または社員ですので，その人は最終的な責任者ではないということになります。

　取締役を含めた役員または経営陣の顔ぶれについてよく把握しておきましょう。会社のトップは代表取締役で，会社の代表権を持っていて，多くの場合，代表取締役社長（representative director and president）です。役員の中に会長（chairman）が存在する場合，その会長はたいてい社長経験者で，代表権を譲って取締役会長になる場合が多いですが，時に代表取締役会長（representative director and chairman）となって代表取締役社長以上に実権を握り続けるケースもあります。

　代表の交代があるときにはその経緯について調べてみましょう。永年務めた

代表取締役の座を若手に譲って隠居する方もいれば，業績不振または不祥事か何かの責任をとって辞任することもあります。また，内紛の挙句，社長の座を追われてしまったというケースもあるでしょう。いずれにせよ，トップが交代するときは，企業の経営方針や経営戦略が変わり事業が方向転換する可能性も高くなるので，良きにつけ悪しきにつけ，注目の時といえます。

　会社の意思決定を行い，運営とその結果に責任を負うのが取締役ですが，時には会社をわが物と勘違いしてワンマン経営を行う代表がいたり，逆に経営にコミットせず，怠慢な経営をしている取締役もいます。そのような取締役の業務執行を監視するのが監査役であり，現在，まさにコーポレート・ガバナンスの鍵となる役職です。

　近年，業務執行の監視が強化されるなかで，従来の監査役または監査役会のほかに，取締役会の中に監視体制を設ける機関設計が可能となりました。本書の後半でも触れますが，上場企業の場合，指名委員会等や監査等委員会を設置する企業が増えてきています。また，社内の取締役とは別に，社外の有識者や社長経験者などを社外取締役（outside directors）に任命して，社内の取締役の業務執行を監視するという体制をとる企業も増えてきています。

11　取引の妥当性について考察する

　ここでは，決算書の分析とは直結していませんが，企業との取引の妥当性について少し考えてみたいと思います。念のためここで使う取引は trade やtransaction のことで，売買をはじめとする商取引のことです。

　例えば，アパレル会社のＡ社からＳ銀行に取引の依頼があるとします。提出されたＡ社の過去３期分の決算書を読んでみると，年間の売上は安定的で，毎期利益を計上しています。自己資本も厚くキャッシュ・フローも潤沢で当面資金繰りの問題はなさそうです。身の丈に合った取引を始めるのであれば，信用リスク（credit risk）の観点からは特に問題はなさそうです。

　しかし，Ｓ銀行がＡ社と取引を始めるにはさらにもう一歩踏み込んで，Ａ社の事業をよく知る必要があります。Ａ社は，海外で衣料を買い付け，輸入した

衣料を国内のアパレル小売業者に販売するという事業をしています。海外で買い付けた衣料の代金の支払は米ドルで，毎月ほぼ5万ドルの米ドルが必要となるといいます。そのため銀行と月5万ドルの為替取引（foreign currency transaction）を始めたいということでした。その場合，A社には実際の需要，つまり「実需」がありますから，取引の目的は十分といえます。決算書の買掛債務の残高や回転率からも取引の金額の妥当性を確認することができるでしょう。

　仮にこのA社が，国内の取引が100％の食品小売業だとします。その場合，為替取引をしたいという依頼があっても，そこに為替の需要がなければ，取引はできないということになります。企業の単なる財テク（ちょっと古い言葉ですが）または投資に加担してはなりません。取引の妥当性はこのように，信用リスクの問題（credit issue）というよりも，コンプライアンスマター（compliance matter）です。企業内の部署でいえば，審査部ももちろん注意を払わなければなりませんが，コンプライアンス部門のチェック事項ですので，両部署の連携が重要ということはいうまでもありません。

　またさらに，相手の「懐事情」をもよく考えて取引をしなくてはなりません。仮に先ほどのアパレル会社のA社がS銀行と為替取引をしようとして，仕組みの為替取引（structured FX contract）に興味を示したとします。仕組みの為替取引は為替の変動によって大きな損失を被る可能性がありますが，その最大損失額（maxium loss）はいくらになるかも含めて，S銀行はその取引の内容をA社に十分に説明しなければならない義務があります。そしてA社に最大損失額を支払うだけの返済能力がないのであれば，取引はできないということになります。

　ここまでは取引の妥当性についてでしたが，さらにもっと根本的なところまで戻って，取引先の妥当性について考えてみたいと思います。例えば，パソコンの周辺機器を販売するB社からS銀行に融資の依頼があったとします。B社は小さな企業ですが，決算書によると毎期利益は伸びていて自己資本も厚く，成長段階の企業です。返済能力の点では特に問題はなさそうでした。しかし，さらに調査を進め，B社の株主や役員，顧客などを調べていくうちに，バックにある暴力団の存在が見えてきたのです。

この場合，暴力団のような組織と取引をするということは，反社会勢力（antisocial forces）が経済的利益を追求するのを手助けすることになり，反社会勢力を排除するという社会の理念に反することになります。たとえ取引自体に違法性はなくても関わってはいけないのです。もしそのような組織と関わったことが明るみに出た場合，ガバナンスの欠如とみなされ，社会的制裁を受ける結果となるでしょう。

　このように，企業の実体や事業の中身を見極め，取引の相手先（counterparty）として真っ当かどうか，そして，始めようとしている取引は相手先にとって妥当かどうかをチェックするのもコンプライアンス部の仕事です。そしてそれを全社員に徹底させるための社内教育を行うのも彼らの仕事です。現在，企業の中には「利害関係者取引規程」（rules on transactions with stakeholders）を設け，取引の相手先やその目的などをチェックする体制を作ってガバナンスの強化に努める企業も増えています。

12　その他の考察事項

　ここまで，決算書や財務諸表を読み取る際のポイントを説明してきました。最初は数字を読み取る力を身につけることからスタートしましたが，後半は，企業が事業を営む背後にあるコーポレート・ガバナンスのさまざまな要素に焦点をあててみました。会計とガバナンスを学び自分のものにするためには，会計，経済，税務，法務などのかなり広範囲の知識を身につけることが必要となります。公認会計士や税理士，弁護士や経済エコノミストの専門家ほどのレベルの知識は必要ないまでも，どの分野についてもある程度の知識をもち，それらを横断させて活用する能力が求められるのです。

　さらに考慮すべき事項についてもう少し。

偶発債務（contingent liabilities）や契約債務（commitment）
　偶発債務には，手形の割引，裏書や債務保証などがあります。債務保証は，債務者の債務を肩代わりすることを約束していて，債務保証が過多の場合は要注意です。契約債務はまだ債務とはなっていないものの固定資産のような売買契約などを交わしすでにコミットしているので，支払能力が十分にあるか，そ

れを支払った後もキャッシュ・フローなどに影響はないかを考察しましょう。

係争中の訴訟（litigation）

裁判が進行中の訴訟について，敗訴した場合はその損失額が会社の経営に重大な影響を及ぼしかねません。企業の規模や業態によっては，係争中の訴訟を何件もあるいは何十件も抱えている場合もありますので，将来に与える影響について考えてみましょう。

法的規制の変更（changes in regulations）

企業はさまざまな法的規制を受けています。業界の規制や国全体の規制もそうですが，海外で事業を推進する場合はその国の法律，業界や取引上の規制などに関しても変更がないかどうか注意し，その変更が企業に及ぼす影響について考察してみましょう。

最後にもう1つ。このように企業のさまざまな情報を駆使することは大変有益であり，ビジネス上の判断を下すうえで助けになります。と同時に，企業から直接情報を得ている場合には，その情報の取扱いについては注意を払わなくてはなりません。ディスクロージャーが進んでいるとはいえ，どんな情報でも公開してよいというわけではありません。あなたが得た情報は一般公開してもよい情報なのか，それとも取引先や債権者として得た情報なのか，あるいはごく一部の限られた者のみが知り得る情報なのかということをよく見極め，倫理意識をもって行動しなくてはなりません。

会社の重要な情報を得た者が，その特別な立場を利用して，例えば会社の株式などを売買した場合にはインサイダー取引（insider trading）とみなされます。有利な立場で売買することになり，一般の投資者に不公平になるからです。したがって，インサイダー取引については厳しい規制が設けられています。くれぐれも**節度のある行動をしましょう**。

第1部

財務諸表と
会計の英語

日本の財務会計に関して，企業の財務諸表
（主に損益計算書，キャッシュ・フロー計算
書，貸借対照表）を読み解く形で，主な会計
科目や会計基準，その他関連用語などについ
て英語を示しながら解説します。また，財務
諸表や会計処理などを英語で説明するさまざ
まな状況を想定し，その状況下で事実や意見
を伝える際に使える英語の例文集も掲載して
います。

1 会計 & 会計原則
Accounting & Accounting principles

会計　accounting

　会計はビジネスにおける共通語です。**"Accounting is the language of business."** といわれるように，会計を熟知せずに，ビジネスや経営に関わり語ることはできません。商品の売買，土地や設備の購入，製品の開発・製造・販売，また，従業員への給与の支払，出張，取引先の接待，保険への加入，銀行借入，訴訟，株式の発行など，企業の経済活動のすべては会計処理を通じて記録されることになります。

　企業の経営者は，会計を十分に理解することで，さまざまな重要な経営判断の場面において，企業の利益などに及ぼす影響を的確に予測することが可能となり，将来の活動に向けて，費用対効果（cost and benefit）を考え，経済活動のより明確なビジョンを示すことができます。また，事業年度ごとに作成する決算書の網羅性を高め，適切な情報公開をすることで，金融機関や投資家からの資金調達がスムーズになることもあります。

　Accountingは，会計学という学問としても確立しています。社会科学の領域に属し，経営学（business administration）とも密接に結びついています。企業の経済活動をその時代や経済状況等に照らし合わせ，正しく報告するための基準を研究する学問でもあるのです。

関連用語
会計原則　accounting principles
　会計原則とは，企業が準拠すべき会計の原則のことで，会計基準の根本となる原理・原則です。会計基準（accounting standards）と同義で使う場合もあります。

　ちなみに，わが国では1949年に「企業会計原則」が制定され，それ以降改正

を重ねて今日に至っています。企業会計原則は，会計の本質を知るうえで大変重要な原則が書かれており，さまざまな会計基準や会計処理の根本にある考え方を示しています。企業会計原則には7つの一般原則がありますが，それらは，①真実性の原則（true and fair view），②正規の簿記の原則（ordinary bookkeeping），③資本・利益区分の原則（capital and earnings），④明瞭性の原則（transparency），⑤継続性の原則（consistency），⑥保守主義の原則（conservatism），⑦単一性の原則（unity）です。また，一般原則のほかに，発生主義の原則（accrual basis），重要性の原則（materiality）があります。本書ではこれらの原則の一部について少し触れています。

米国の会計原則はUS GAAP（Generally Accepted Accounting Principles in the US）ですが，SEC基準（SEC standards）という場合もあります。また，日本の会計原則は英語でJapanese GAAP（Generally Accepted Accounting Principles in Japan）と呼びますが，日本基準（Japan standards）という場合もあります。

会計基準　accounting standards

会計基準は，会計原則のもとに作られた細かい会計処理のルールに相当します。棚卸資産の評価に関する会計基準，金融商品に関する会計基準，持分法に関する会計基準，退職給付に関する会計基準など，個別の会計基準は数多くあります。

1990年代後半の「会計ビッグバン」と呼ばれた時代に，日本の会計基準が国際的に通用するものとなるように大幅な改正が加えられました。それまで日本の会計は欧米の会計からほど遠いものでした。そのときに新しく導入されたのが，**連結重視の決算**，**時価会計**，**税効果会計**などです。その後，**国際会計基準**（IFRS, International Financial Reporting Standards）**に近づくための改正**も加えられました。

ところで，日本のこれらの会計基準は企業会計基準委員会（ASBJ, Accounting Standards Board of Japan）という組織が策定しています。この組織は会計基準の調査研究・開発，ディスクロージャー制度などの調査研究と提言，また，国際的な会計制度への貢献などを担う，金融庁（FSA, Financial

Services Agency）直轄の財団法人である財務会計基準機構（FASF, Financial Accounting Standards Foundation）の中にある委員会のことです。企業会計基準委員会が会計基準策定の主体となった2001年以前は，企業会計審議会という機関が会計基準作りをしていましたが，そこはまた先に述べた「企業会計原則」を策定した機関です。

会計方針　accounting policies

　企業が実際に採用する会計処理や財務諸表での表示方法のことです。有価証券の評価基準および評価方法，棚卸資産の評価基準および評価方法，固定資産の減価償却方法，外貨建資産・負債の本邦通貨への換算基準，引当金の会計基準，費用・収益の計上基準などについて，いずれの処理方法または表示方法を採用したかを企業は開示しなくてはなりません。

　財務諸表に大きな影響を与える会計処理などについては，**財務諸表の注記**（notes to financial statements）**の重要な会計方針**（significant accounting policies）**のところで説明**することになっています。

財務会計　financial accounting

　企業の経済活動を報告するための会計で，企業会計原則を基準としています。企業の利害関係者に対し，経営成績，財政状態，資金収支や自己資本増減についての情報を提供する会計のことです。財務会計は外部報告を目的としているため，さまざまな法による規制を受けます。管理会計と対比する言葉です。

管理会計　managerial accounting（management accounting）

　企業の経営者の判断，決断，管理に役立つ情報を提供するための会計です。企業の経済活動の成果を計数的にまとめて分析し，経営者の判断・決断のための情報を提供し，また，将来の事業計画を立てるための会計です。企業内部の管理を目的としているので，特に法による規制を受けることはありません。財務会計と対比する言葉です。

企業会計　corporate accounting

　企業会計は財務会計（financial accounting）と管理会計（managerial accounting）から成り立つ会計ということができるでしょう。

公益会計，公会計　governmental accounting

　国，地方公共団体，公益法人などが使う会計です。利益を追求する企業の会計とは異なります。一般会計（general account）という言葉を耳にすると思いますが，これは国や地方公共団体が国民・住民のために広く使うお金の出入りすなわち歳入（revenues）と歳出（expenditures）を記録するための会計です。また，特定の事業については特別会計（special account）を使います。

会計上の利益　accounting profit（vs. tax profit）

　企業会計原則に従って作成した損益計算書上の利益のことです。損益計算書の税引前当期純利益（profit before income taxes）は，税務上の利益または課税所得（tax profit または taxable income）と対比されることがあります。Accounting profit と tax profit の差はなぜ生じるかという理由の1つに，**企業会計では費用として処理したものが，税法上では一部しか費用と認められない，または全額認められないなどの場合があるからです。**

会計上の見積もり　accounting estimates

　減価償却費や貸倒引当金，退職給付引当金のように，実際にかかった費用ではなく，見積もりを基礎として会計処理をする科目があります。企業の利益を左右することもあるので，会計上の見積もりは大変重要な意味を持ちます。その見積もりをより適切なものとするため，時として変更するのが，会計上の見積もりの変更です（changes in accounting estimate）。

39

発生主義の原則　accrual basis

　現金の支払や受取に関係なく，ある取引が発生した時点で収益と費用，または資産と負債を認識し計上するのが発生主義です。また，収益と費用の認識を合理的な期間帰属を通じて期間業績に反映させる損益計算の方式でもあります。発生主義は，現金の受渡しをもって収益や費用を認識する現金主義（cash basis）と対比するものです。

　実務では，発生主義は一様に費用の認識基準となっています。例えば有形固定資産の減価償却費の計上も，費用配分の原則と結びついた発生主義といえます。一方，発生主義は正確には収益の認識基準にはなってはいません。これはなぜかというと，収益の認識基準はより堅実な実現主義（realization basis）が採用されているからです（ただし，実現主義は発生主義の枠内という考え方もあります）。

　実現主義は，商品やサービスを顧客に引き渡すとともに，その対価として現金や売掛金などを受け取った時点をもって収益を認識する方法です。つまり販売の事実をもって収益を認識する方法で，これは保守主義の原則（conservatism）の適用例といえます。

保守主義の原則　concervatism

　会計における保守主義の原則とは，「予想の利益は計上すべからず，予想の損失は計上すべし」というように，**不確定な損失については早く見積もって計上し，不確定な利益は利益としない**原則です。見積もりに誤差が生じた場合，利益を過大に見積もってしまう誤差よりは過小に見積もってしまう誤差のほうが望ましいという考え方ともいえるでしょう。

　この保守主義の原則は，慎重性（prudence）という意味合いが強いと考えてよいと思います。貸倒引当金の計上や偶発債務の開示などは，この考え方に基づいているといえるでしょう。売上の認識が，発生主義よりも実現主義（realization basis）を用いることや，棚卸資産の評価基準において低価法

（lower of cost or market method）を採用することなども，保守主義の原則に基づいた会計処理ということができます。しかしながら，過度の保守主義にならないような注意もまた必要です。

重要性の原則　materiality

　企業会計は，定められた会計処理の方法に従って正確な計算をしなくてはなりませんが，重要性の乏しいものについては，本来の厳密な会計処理によらないで，簡便な方法をとってもよいという原則です。会計処理の例としては，引当金（allowance, reserve）で重要性の乏しいものは計上しなくてよい，棚卸資産（inventories）の取得原価（acquisition cost）に重要性の乏しい付随費用は含めなくてよいなどがあります。

　重要性の概念には，金額の重要性と科目の重要性があります。金額の重要性とは，取引や項目の金額が相対的にどうなのかいうことで，それは企業の規模によって重要性が変わってきます。例えば大企業にとって100万円の重要性は低いかもしれませんが，中小企業にとっては重要性はかなり高いものになるかもしれません。一方，科目の重要性というのは，金額の大小にかかわらず，取引や項目そのものが質的に重要かどうかという問題です。親会社・子会社の株式や，相対的危険度の高い取引（例えば会社と会社役員との内部取引）等は重要性が高いといえます。そのような重要性の高いものは，明瞭に処理・表示をするということです。

継続企業　going concern

　財務会計は，企業は継続するという前提（going concern assumption）**のもとに作られています。**"Going concern is a basic underlying assumption in accounting." 固定資産の減価償却，繰延資産の計上，税効果会計，退職給付会計など多くの会計基準は，企業の経済活動は長期にわたり存続するという考え方のもとにできていて，1～2年後に消滅する会社には馴染まないものです。一方で，企業というのはさまざまなリスクにさらされていて，その事業が将来も継続できるという確実性はありません。

41

継続企業の前提に重大な疑義を生じさせるような事象または状況（events and conditions causing substantial doubt about going concern assumption）が存在する場合は，その事象または状況を解消し，または改善するための対応をしてもなお継続企業の前提に重要な不確実性が認められるときに，財務諸表において継続企業の前提に関する注記（notes regarding going concern assumption）を付すことになっています。継続企業の前提に重大な疑義を生じさせるような事象または状況の例としては，売上の著しい減少，重要な営業損失，債務超過，借入金返済の困難，重要な得意先の消失などがあります。

決算月の悩み　Closing month bothers

　日本は3月決算の企業が圧倒的に多いですね。80％以上の企業が3月決算といわれています。これは日本の場合，学校や官公庁の新年度が4月に始まるため，それに合わせると何かと都合が良い企業が多いからですが，実際は決算月は何月を選んでもよいのです。欧米の企業は通常12月決算ですので，企業のグローバル化に伴い，それまで3月決算だった日本企業が12月決算に変更するケースも増えてきています。

　しかし，理由は単なるグローバル化だけではありません。子会社を連結する場合，親会社と子会社は決算期を統一しなければならないルールがありますが，日本の会計基準では3か月の「期ずれ」は例外的に認められています。ですからその特例を使って，例えば2017年3月期の親会社の決算書に2016年12月期の香港の子会社の決算書を連結するのは認められています（これを利用して不正を行う企業も過去にありましたが…）。ところがIFRSではその特例はなく，実務上不可能な場合にのみ期ずれが認められます。日本でのIFRSの強制適用は延期され，今後いつ適用になるかわかりませんが，上場企業の多くがそれに向けた準備を進めていることは明らかです。

　ところで，日本の小売業すなわち，デパート，スーパー，コンビニ，アパレル会社などは2月決算が多いですね。"The fiscal year of many retailers ends in February." これは個人消費と深く関わっています。個人消費のピークは昔も今もボーナスシーズン（6月と12月）の直後にやってきます。夏物や冬物衣料が売れ，家電が売れ，お中元やお歳暮が贈られ，季節の食材が売れるのが，6月から7月と，12月から1月なのです。特に12月から1月はクリスマスにお正月と消費活動はピークを迎えます。そこでそのピークが終わった2月に小売業は帳簿を締めるというわけです。

② 報告
Reporting

情報公開，ディスクロージャー　disclosure

　企業などが，投資家や取引先などに対し，事業の内容に関する情報や財務情報を開示することです。1990年代後半以降，投資家保護のため，企業の透明性（transparency）を求める動きは高まり，情報公開は一段と進みました。同時に，行政においても，一般市民や住民の知る権利を認める制度ができました。これらの動きはインターネットの普及と連動して加速し，今では多くの企業や組織がウェブサイト上で，事業および製品内容，事業戦略，財務情報などを幅広く公開しています。

　現在，金融商品取引法に基づく開示義務としては，有価証券を募集・売出する企業には有価証券届出書，有価証券（株式や社債）を発行している企業には有価証券報告書，四半期報告書，内部統制報告書等の提出があります。また，株式の保有割合が5％超となった大株主は大量保有報告書を提出する義務があります。これは有価証券の発行と流通の円滑化と公正な価格形成を維持するためのものであり，証券市場や企業の健全さを象徴する制度ともいえます。

関連用語
適時開示　timely disclosure
　証券取引所（金融商品取引所）が定める開示の規則で，上場企業が投資家に対して，投資判断に重要な影響を与える企業の運営や業績に関する情報をタイムリーに開示する制度です。決算短信の提出や業績予想の数字の修正の提出はこの適時開示のルールの一環です。適時開示制度は上述の金融商品取引法に基づく開示制度と併存しています。適時開示情報は TDnet というサイト上に掲載されていて，証券取引所のホームページから見ることが可能です。　適時開示の例として，増資または減資（capital increase or decrease），資本準備金または利益準備金の減少（decrease in capital reserve/profit reserve），自己株式の取得（acquisition of treasury stock），株式分割（stock split）等があります。

説明責任　accountability

　近年，概念が定着し，よく使われるようになった言葉の1つですが，accountability は「説明責任」のほか，「説明義務」としたほうがよい場合もあります。「あらゆる分野で専門性が高まる中，それぞれの分野の専門家が説明責任を果たすことが求められる」などと使われます。政治家の資金使途の説明責任もしばしば追及されますが，弁護士や医師が，顧客や患者に対しその業務内容について説明責任を十分に果たしていないとして，法廷に持ち込まれるケース（この場合，説明義務違反）も増えています。

Accountability is the obligation of an individual or organization to account for its activities, accept responsibility for them, and to disclose the results in a transparent manner. It also includes responsibility for money or other entrusted property. (from BusinessDictionary.com)

　財務会計における説明責任は，企業の経営を任された者が，株主をはじめとする利害関係者（stakeholders）に対し，**企業活動とその結果について，適正な会計処理に基づいて作成された財務諸表を提示**することにあります。もっと厳密にいえば，その財務諸表の内容が株主などの利害関係者に理解され承認されて初めて，企業は説明責任を果たしたといえます。これは，単なる情報公開から一歩先に進んだ考え方といえます。

利害関係者　stakeholder

　経済活動を行う際，企業はさまざまな企業や人との関わりを持ちますが，株主等の投資家（investors），従業員（employees），取引先（suppliers and customers），金融機関（financial institutions, creditors），消費者（consumers）など，その相手は多岐にわたっています。**利害関係者とは，企業と関わり合いを持つすべての人や企業を指す言葉**で，企業が拠点とする地域の住民（residents）や地域社会（communities）を含める場合もあります。企業の社会的責任（corporate social responsibilities）という概念が使われると同時に，「利害関係者」と訳されて使われるようになりました。

Stakeholder: a person, group or organization that has interest or concern in an organization. "Stakeholders" can affect or be affected by the organization's actions, objectives and policies. Some examples of key stakeholders are creditors, directors, employees, government (and its agencies), owners (shareholders), supplies, unions, and the community from which the business draws its resources. (from BusinessDictionary.com)

決算書，財務諸表　financial statements

　財務諸表は，企業のすべての取引を会計処理し集大成したもので，事業年度の業績や年度末の財政状態を示す基本的な書類です。企業が株主(shareholders, stockholders) や利害関係者（stakeholders）などに対し，企業活動の結果を報告する際に，また，金融機関や投資家に資金提供を求める場合に大変重要となる書類です。

財務諸表を構成する4つの表と注記

貸借対照表　Balance sheet

　企業の事業年度または会計年度（financial year, fiscal year）の最後の日の時点で保有している資産，負債，資本金，繰延利益などを示すものです。資産とは現預金，売掛金，棚卸資産，有形固定資産などで，負債とは買掛金，借入金，社債などです。

損益計算書　Income statement

　企業がある事業年度または会計年度において，どれだけの売上をあげ，費用を使い，利益をあげたかを示すものです。営業利益や当期利益などを示します。

キャッシュ・フロー計算書　Cash flow statement

　ある事業年度の期首から期末までのおおまかな現金の流れを示したものです。発生主義の貸借対照表を現金主義に修正しながら，営業活動（operating activities），投資活動（investing activities），財務活動（financing activities）の3つの活動に分けて収入と支出をとらえます。営業活動によるキャッシュ・フローについては直接法（direct method）と間接法（indirect method）の2種類の表示方法がありますが，ほとんどの企業が間接法を用いています。

株主資本等変動計算書　Statement of changes in shareholders' equity

　株主資本 (stockholders' equity) と株主資本以外で純資産に含まれるものの期中の変動額について示したものです。株主に帰属する部分である株主資本の変動額について事由ごとに区分して表示されます (当期純利益, 自己株式の取得や処分など)。

注記　Notes to financial statements

　貸借対照表や損益計算書等の財務諸表において, どのような会計基準を使いどのように会計処理したかを説明し, また, 補足的な情報を表示するところです。

Stakeholder の語源は？

　「利害関係者」という言葉を耳にするようになって久しいですが, ちょっと硬い言葉で馴染みにくいですね。会社の株式を保有している人は「株主」なのに, 企業と何らかの関係を持つ人まで含めて「利害関係者」というのはどうもピンときません。Stakeholder 自体の言葉の意味が変わってきているようなので仕方がないのでしょうか。Stakeholder は stake + holder に分解できますが, stake は19〜20世紀初頭あたりはギャンブルの賭け金の意味で使われ, stakeholder は賭け事に参加して賭け金を出す人のことだったようです。そこから発展して stake は投資金, 出資金となり, さらに近年はコーポレート・ガバナンスの概念の中で使われるようになり, 新しい意味が与えられたということです。

A stake is a vital interest in the business or its activities. It can include ownership and property interests, legal interests and obligations, and moral rights.
(Stake とはビジネスにおける重要な関わりを意味し, 関わり方は所有権の場合もあれば財産権の場合もあり, また, 法的な権利や義務を持つ場合もあれば, 道義的な関わりもある。)

　そしてまた企業も stakeholders に生かされて存続する集合体だということです。

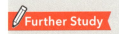

IFRS
(International Financial Reporting Standards)

　IFRS（国際財務報告基準）は IASB（International Accounting Standard Board　国際会計基準審議会）が策定する会計基準の総称です。企業のグローバル化に伴い，会計基準の国際統一を図る動きの中で，現在最も有効な国際会計基準となり，日本でもこの会計基準を使う企業が増えてきています。IASBの前身は IASC（International Accounting Standard Committee　国際会計基準委員会）で，IASC は1980年代頃から IAS（International Accounting Standards　国際会計基準）を策定していたため，IFRS を「国際財務報告基準」と呼んで，それまでの国際会計基準 IAS と区別してきましたが，現在，IFRS は，IAS を原点とした最も新しい国際会計基準となっています。

　以前は，商習慣は国によって異なることから会計制度も国ごとに異なるのが当然と考えられてきました。しかし近年のグローバル化に伴い，国籍の異なる企業が，さまざまな国で経済活動を行い国際競争を繰り広げ，国籍の異なる企業の比較も必要となる中で，IFRS は会計の国際統一基準としてより重要な役割を担っています。EU 内では，2005年度の連結財務諸表から上場企業は IFRS を適用することが義務付けられました。世界ですでに IFRS を採用している国は120か国以上に及んでいます。IFRS を全面的に採用（adoption）していない国や地域でも，自国の会計基準との差異をなくすコンバージェンス（収れん　convergence）や，一部を自国の会計基準に取り込むエンドースメント（承認　endorsement）が進められています。

　日本でも2005年より会計基準の改正，すなわちコンバージェンスが始まり，2007年の「東京合意」（会計基準のコンバージェンスの加速化に向けた取組みへの合意）によって加速されました。工事契約の処理，棚卸資産の評価，資産除去債務，過年度遡及修正などがそれにあたります。その結果，現在は日本基準と IFRS の重要な差異はかなり減っています。2010年からは IFRS が任意適用となり，IFRS に準拠して作成した連結財務諸表を，金融商品取引法の規定による連結財務諸表として提出することが認められました。そしてこれまでに

大手電機会社，総合商社，大手化学品および薬品会社，大手情報通信会社などが積極的に IFRS の採用を進めてきましたが，その一方で建設業，紙・パルプ業，繊維業，金融業など IFRS を適用していない業界もあります。

　実際，従来の会計基準から IFRS に移行するためには，企業内の教育やシステムの変更，そのための人材確保など準備に多大な時間と労力が必要です。金融庁は IFRS の任意適用企業の拡大のため，2016年3月に IFRS に基づく連結財務諸表の開示例（改訂版）を公表し，IFRS に基づく財務諸表等を作成するうえで参考となる様式を提示しています。

IFRS are a set of international accounting standards that state how particular types of transactions and other events should be reported in financial statements. IFRS are issued by the IASB (International Accounting Standards Board), and they specify exactly how accountants must maintain and report their accounts. (from Investpedia)

＜IFRS の特徴＞

原価主義会計　principle-based accounting standard

　IFRS の基準書は全体で約3,000ページと，US GAAP と比較するとほぼ10分の1程度です。これは IFRS が「原則主義」を採用していて，US GAAP のような会計の詳細なルールについては述べられず，**取引の実質的な内容によってどのように会計処理をするか，的確な判断が求められる会計基準**だからです。日本の基準にあるような「業種別基準」というものもありません。会計基準が膨大にならずコンパクトであるというメリットがある反面，判断の余地があり，解釈の違いが生じやすいというデメリットもあります。

資産負債アプローチ　asset-liability approach

　IFRS は，財務諸表を利用する者のうち投資家を最も重視すべきという立場に立ち，投資に係るリスクと投資から得られる利益の把握をするためには，資産と負債の現在価値を正しく測定し，財政状態計算書（statement of financial position）に反映させることが重要と考えています。IFRS の考え方は，**利益は企業価値の増減すなわち資産と負債の増減によって得られる**というもので，従来の収益マイナス費用で求められる利益とは異なる概念といえます。IFRS の包括利益計算書（statement of comprehensive income）では，増資・減資

などの資本取引以外の純資産の増減（資産－負債）を当期純利益に加えて「包括利益」として表示します。

注記の開示　disclosure of notes

　IFRSでは膨大な量の注記の開示が求められます。それは財務諸表の利用者に有益な情報を示すためであり，なかでも特に「重要な会計方針」(significant accounting policies) では，表示の測定基礎，また，財務諸表を理解するうえで必要な会計方針，会計方針を適用するに至った判断で，財務諸表に計上される金額に最も重要な影響をもたらす判断など，詳細な情報の開示が求められています。

IFRSとUS GAAP　Condorsement（コンドースメント）

　IFRSの登場により，米国会計（US GAAP）もconvergence（収れん）を実施することとなり，その結果，2008年末頃までにはUS GAAPとIFRSとの重要な差異はなくなりました。そして同じ頃，米国証券取引委員会（SEC）は，米国の証券市場に上場する外国企業がIFRSを採用することを容認しました。

　しかし，その後米国はIFRSを積極的に採用する道を突き進んでいるかというとそうでもなさそうです。むしろUS GAAPを維持する立場を取っているといってよいでしょう。2011年，SECはIFRSを米国の財務報告に取り込む方法として新たにcondorsement（コンドースメント＝コンバージェンスとエンドースメントをあわせた造語），つまり自国の会計基準をIFRSに収れんさせたうえで承認するというアプローチを提唱しました。自国基準を維持しながら自国基準の趣旨に合致するIFRSの個々の基準を受け入れていくということです。ざっくばらんにいえば，原則主義会計のIFRSは，ルールベースの米国基準に慣れている国民には使い難くあまり評判が良くないうえに，まだ完成形ではなく，また，会計基準の変更に伴うコストがかかるという声が多かったのです。日本は米国に影響を受け，以前は2012年あたりからIFRSの強制適用となるのではと予想されていましたが，2018年4月現在，まだそういうところに至っていないのが現状です。

3 損益計算書
Income Statement

売上　sales, revenues

　売上は，企業が商品・製品を販売したり，サービスを提供するなど，**企業の主たる営業活動（operating activities）から発生する収入**で，利益の源であり，損益計算書のトップにくる項目です。企業の事業の規模と成長を示す最も有効な数値です。Sales は商品・製品を売った場合に，revenues は商品・製品のほかにサービス等を提供している場合に多く使われます。

関連用語

総売上　gross sales
　返品や値引，割引，割戻を考慮しない売上のことです。

純売上　net sales
　総売上から返品，値引，割引，割戻を差し引いた売上です。

売上返品，売上戻り　sales return
　商品の発送ミスや破損・不良・キャンセル等によって返品されることです。

売上割引　sales discounts
　商品を掛けで売った場合，代金の決済が現金取引の場合と比べて遅れるので，その分の利息が代金に含まれると考え，予定された支払日よりも早く決済された場合に，その利息に相当する部分を免除することです。

売上の内訳　sales breakdown（breakdown of sales）
　売上を商品・製品別，部門別，地域別，国別などで分けたものです。Breakdown of sales by product は製品別売上です。

収益の認識基準　revenue recognition standard

　収益の認識基準とは，どの時点で売上や収益を認識するかという基準です。

　一般的には収益の認識は，実現の時点で計上する実現主義（realization basis）に基づいているといえます。しかしこの実現主義の認識基準も厳密にいうと，出荷基準（shipping basis），引渡基準（delivery basis），検収基準（inspection basis）などに分かれます。また，実現主義ではない現金主義（cash basis）や発生主義に基づく工事進行基準（percentage of contract basis）などに基づいて収益を認識したほうがよい場合もあります。

Further Study

長期請負工事の売上の認識方法

sales recognition of long-term contract work

＜実現主義に基づく会計基準＞
完成基準　completed contract method

　工事が完成し，引渡し可能の時点で売上および費用を計上する方法。保守主義に基づく会計処理といえますが，大型の工事契約の場合などは，工事の完成まで数年を要する場合があり，この間売上を計上しないとなると，期によって経営成績にばらつきが出てしまう可能性があります。

＜発生主義に基づく会計基準＞
進行基準　percentage of contract method

　完成，引渡しを待たずに，工事の進行具合によって売上および費用を計上する方法。総工事収益額や費用の見積もりが可能な場合，経営成績をより適正に表すためにこの進行基準が使われます。もし工事の途中で問題が生じ，発注先が支払不能となった場合などは，損失を計上することになります。わが国では，上場・非上場や会社規模にかかわらず，建築業者や受託のソフトウェア開発業者などに「工事進行基準」の会計処理を適用します。正確には，成果が確実に認められる工事については工事進行基準を適用し，それ以外の工事の場合には工事完成基準を適用します。成果が確実に認められるとは，工事収益の総額，工事原価の総額，決算日における進捗度の見積もりが可能ということです。

売上原価　cost of sales

　商品・製品などの売上高に対応する原価で，売れた商品または製品の費用です。Cost of goods sold（卸売・小売の場合）も cost of products sold（製造業の場合）も同義です。販売費及び一般管理費とともに営業費用を構成します。

　売上原価は，
　期首商品棚卸高＋当期商品仕入高－期末商品棚卸高
で求めることができます。
Cost of sales = beginning balance of inventories + cost of goods purchased during the year – ending balance of inventories

　ただし，上記はモノを仕入れて売るだけの小売業または卸業の場合です。
　製造業の場合の売上原価は，
　期首製品棚卸高＋当期製造原価－期末製品棚卸高
となります。
Cost of sales = beginning balance of inventories + cost of goods manufactured during the year – ending balance of inventories

　当期製造原価（cost of goods manufactured during the year）には，材料費（material cost），労務費（labor cost），経費（overhead）が含まれます。

売上総利益　gross profit

　売上総利益は売上（sales）から売上原価（cost of sales）を差し引いて得られる利益です。損益計算書の最初に登場する利益で，「粗利（あらり）」ともいい，経費が引かれる前の利益を表します（「粗利」は大体の利益，おおざっぱな利益のような意味でも使います）。また，売上総利益を売上高で割ったもの（売上総利益÷売上×100％）を売上高総利益率（gross profit margin）といい（粗利率ともいう），これは企業の収益性を判断する際のおおもととなる指標です。
　gross profit = sales – cost of sales

gross profit margin = gross profit ÷ sales

販売費及び一般管理費　SG&A expenses

　販売費及び一般管理費（販管費ともいう）は，企業の事業経費で，売上原価に含めない費用です。販売費（selling expenses）は販売活動に関連して発生する費用，また，一般管理費（general and administrative expenses）は総務部や人事部などの企業全体の運営・管理のために発生する費用です。

　販売費に含まれる費用には，販売手数料（selling commission），運搬費（transport expense），広告宣伝費（advertisement expense），貸倒引当金繰入額（少額の場合）（provision of allowance for doubtful accounts），貸倒損失（少額の場合）（bad debt expense）や，販売員の給与や賞与（salaries and bonuses）や交際費（entertainment expense）などがあります。

　また一般管理費に含まれる費用には，人事部や総務部などの管理部門で働く社員の給与や賞与（salaries and bonuses），役員報酬（directors' compensation），福利厚生費（social welfare expense），減価償却費（depreciation expense），賃貸料（rent expense），水道光熱費（utility expenses），租税公課（taxes and duties），事業税（付加価値と資本割）（business taxes），住民税（均等割）（inhabitant taxes）などがあります。

サンクコスト Sunk cost

　これは勘定科目として存在するコストではありませんが，経済学や経営学に出てくる概念で，すでに支払ってしまって戻ってこない費用や労力や時間のことで，埋没コストともいいます。

A sunk cost is a cost that was spent in the past and cannot be recovered.
　つまり，事業などに投下する資金や労力のうち，事業の縮小や中止を行っても回収できない費用のことです。それまで費やした労力や時間をなんとか回収しようとしてさらにその事業を継続するとさらに費用や労力を使うことになり，傷を深めてしまう，ならばそのコストは忘れて別の道を行こうという場合に使われます。

　例えば，何十億円もかけて工場設備を作ったとします。しかし，そこで製造する製品はまったく売れず数年が経ってしまいました。すると設備のメインの機械が故障してしまい，修繕に数億円を要するとします。このとき，何十億円もかけて設備を作ったのだからこの事業をやめてしまってはいけないと思いその事業を続けようとしてしまいがちです。しかし，それまでのコストにとらわれずその時点での最善の道を選択しましょうということなのです。
Forget the past and move on!

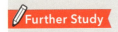

租税公課
taxes and duties

　租税公課の「租税」は国税や地方税を表し、「公課」は地方公共団体から課せられた賦課金や罰金などを表します。租税公課に含まれるものには固定資産税（property tax）や都市計画税（urban planning tax），事業税（enterprise tax），印紙税（stamp duty），不動産取得税（real estate acquisition tax），自動車税（automobile tax），登録免許税（registration license tax），各種間接税，申告期限の延長に伴う利子税（interest tax）および延滞税（delinquent tax）などがあります。

役員報酬と役員賞与
directors' compensation & directors' bonus

　役員報酬（directors' compensation）の月ごとに支払う給与の部分については，過去も現在も費用として扱われ，販管費に計上されています。これに対し，役員賞与（directors' bonus）は，「会社法」が施行される前は，配当同様，利益処分として支給されていましたが，会社法施行後は，役員賞与を役員報酬の一部と位置付け，販管費に計上されることになりました。気をつけなくてはいけないのは，役員の月々の報酬は，税法上費用として認められる（損金算入できる）のに対し，賞与は費用として認められないということです。つまり損金不算入となります。これは**役員賞与が依然，利益処分すなわち利益の分配**と考えられているためです。

営業利益／損失　operating profit/loss

　企業が主たる営業活動つまり本業で得た利益または損失のことです。売上から営業費用すなわち「売上原価」（cost of sales, cost of goods sold）と「販売費及び一般管理費」（selling, general and administrative expenses）を差し引いて得られる利益です。また，営業利益を売上高で割ったもの（営業利益÷売上高×100）を営業利益率（operating profit margin）といい，この利益率が高いほど本業が好調であることを示しています。

営業外損益　non-operating profit/loss

　営業外収益（non-operating income）は，企業の主たる営業活動以外の活動から発生する収益でかつ経常的に発生する収益，また，営業外費用（non-operating expenses）は，企業の主たる営業活動以外の活動から発生する費用でかつ経常的に発生する費用のことです。

　営業外収益には受取利息（interest income）および配当収入（dividend income），有価証券売却益（gain on sale of securities），不動産賃貸料（leasing income on property），為替差益（foreign exchange gain），雑収入（miscellaneous income）など，また，営業外費用には支払利息（interest expense），有価証券売却損（loss on sale of securities），為替差損（foreign exchange loss），雑支出（miscellaneous expense）などがあります。

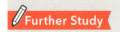

為替差損益
foreign exchange gains or losses

外貨建取引による債権や債務を保有している場合，為替レート（exchange rate）が変動することによってその価値が変わることがあります。また，取引の契約時の為替レートと実行日の為替レートが異なるために利益や損失が発生することがあります。それが為替差損益です。為替差益（foreign exchange gain）は営業外収益（non-operating income）に，為替差損（foreign exchange loss）は営業外費用（non-operating expense）に計上します。

A foreign exchange gain or loss results from a change in the exchange rate used at the invoice date and the actual payment date. It also results from a change in the value of assets and liabilities denominated in foreign currencies.

持分法による投資損益
equity in earnings (losses) of affiliates

持分法投資損益とは，持分法（equity method）を適用する関連会社から得られる損益です。連結財務諸表を作成する際に，支配はしていないが影響を及ぼす関連会社について，投資額とその損益を計上する方法で，持分法投資損益は，関連会社の純損益を投資割合に合わせて営業外損益のところに計上します。

例えば，A社に40％の株式を所有している関連会社があり，その関連会社がある事業年度に100億円の利益をあげた場合，A社の持分法投資利益は，100億円×0.4＝40億円となります。まれに，重要性のない非連結子会社に持分法を適用している場合もありますが，その場合，その子会社の損益も持分法投資損益に含めることになります。

Equity in earnings (losses) of affiliates is a company's share of the net earnings and losses of the affiliates stated under the equity method.

経常利益／損失　ordinary profit/loss

「ケイツネ」とも呼ばれる経常利益は，営業利益に本業以外の損益を加えたもの，つまり先に述べたように受取利息や有価証券売却益などの営業外収益を加え，支払利息などの営業外費用を差し引いたものです。本業が順調でも借入金の返済や利息負担が多いと経常利益は少なくなってしまいます。

経常利益はわが国独特の利益概念で，外国の会計基準や国際会計基準などにはないものの，依然日本企業の間では重要な利益の概念と位置付けられています。

ordinary profit = operating profit + non-operating profit/loss

特別利益／損失　extraordinary gains/losses

特別損益の項目には，特別利益（extraordinary profit）と特別損失（extraordinary loss）とがあります。**非経常的な損益のうち，臨時的あるいは巨額のものを特別損益に含めるとされています。**

例えば，固定資産売却損益（gain/loss on sale of tangible assets）や有価証券の売却損益（gain/loss on sale of securities），災害損失（disaster loss），事業再編損失（loss on business restructure），貸倒損失（bad debt expense），減損損失（impairment loss）などです。また，金額が小さいものや，毎期経常的に発生するものについては営業外損益（non-operating profit/loss）に含めることになっています。

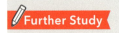

減損会計
impairment accounting

　減損会計とは，固定資産などの収益性が著しく低下して投資額の回収が見込めなくなった場合，一定の条件の下で資産の帳簿価額を減額させ，その減額させた金額を減損損失（impairment loss）として計上する会計処理のことです。

　減損の兆候としては，営業活動から生じる損益かキャッシュ・フローがマイナスまたはマイナスになる見込み，経営環境の厳しい悪化，市場価格の著しい下落などがありますが，一度減損した資産はたとえ状況が変わって収益性が改善されたとしても修正されることはありません。

　減損会計が時価会計（market value accounting）と異なるところは，時価だけではなく使用価値などが考慮されている点，また，損失は計上されるが益は計上されることはないという点です。また，そもそも減損会計は，固定資産（有形固定資産，無形固定資産）や投資その他の資産に適用されますが，時価会計は一部の金融資産にのみ適用されます。

＜減損処理の例＞
　Q社のある部門に，帳簿価格が3,000万円の機械設備があります。この設備は今後製品を作ったとしても1,500万円しか利益が出ない可能性が高くなりました。しかし今期その設備を売却した場合2,000万円で売れると判明しています。この場合どうしても1,000万円を償却できない可能性があります。その差額を早めに反映させるために行われるのが減損処理で，このケースでは特別損失として1,000万円が計上されることになります。

＜直接控除方式による仕訳＞

借方 Dr.		貸方 Cr.	
減損損失（Impairment loss）	1,000	機械（Machinery）	1,000

（単位：百万円）

If there is an impairment in an asset, the difference between the fair market value of the asset and its book value is written off.

税引前当期純利益　income before income taxes

　税引前当期純利益または税引前利益は，経常利益（ordinary profit）に特別利益を加え特別損失を差し引いた利益です。言い換えると，当期純利益に法人税（income taxes），法人税等調整額（deferred taxes）および住民税（inhabitant taxes）を足し戻した利益です。

　税引前利益は大変重要な意味を持つ利益です。この利益をもとに税法上の調整が加えられ，課税所得が算出され，法人税や住民税の法人税割や法人事業税の所得割が決まることになるからです。

　ちなみに，連結損益計算書においては，「税金等調整前当期純利益」と表示されますが，税引前当期純利益と同義です。

法人税　income taxes

　法人税は，株式会社などの法人が，その事業活動を通して得た所得から支払う税金です。広い意味で所得税の一種です。また，国税（national tax）であり直接税（direct tax）です。**法人税は，企業の利益に加算・減算の調整を加え，課税所得**（taxable income）**を計算し，その課税所得額に法人税率**（tax rate）**を掛けて算出します。**

　税金は会社の利益にかかるものです。ではなぜ会計上の利益をそのまま使わずに税法上の「所得」を計算するのかというと，利益は，会社の経営成績や財政状態を正確に表示するという目的のもとで計算する（財務会計の目的です）のに対し，税金は国家的見地に立ち，経済政策や公平性などを鑑みて課すものだからです。

> 財務会計上は，収益－費用＝利益（企業の利益）
> 税法上は，益金－損金＝所得（法人税の所得）

　収益と益金，費用と損金は，それぞれ意味合いは異なりますが，内容的には

重なる部分が多くあります。ですから税金の計算をするのに，益金からスタートせずに，会計上の利益に加算・減算の調整（益金算入，損金不算入，益金不算入，損金算入）をすることで，課税所得を求めることができるわけです。

　調整の必要な科目としては，①会計上費用や損失に含めた交際費，寄付金，役員賞与など，②会計上利益に含めた受取配当金，などに加え，③損益の認識時点の異なるもの等があります。①と②は会計と税法の根本的な考え方の違い，つまり永久差異（permanent differences）から生じる調整です。一方，③は一時差異（temporary differences）から生じる調整で，時間の経過とともに差異は解消されます。

　法人税に戻りますが，法人税は会社の規模によって税率が異なります。現在，税率は資本金が1億円超の会社の場合は所得金額の23.4%，また，資本金が1億円以下の中小法人の場合は税率が軽減されており，その所得（利益）が800万円までは15%（租税特別措置）です。実は日本の法人税率は，1980年代は40%を超える水準にあり，欧米と比較してもかなり高いと批判されましたが，この30年間引下げが続いています。現在「税と社会保障の一体改革」（comprehensive reform of tax and social security）と呼ばれる政策が行われる中で，将来はどうなるのか注目されるところです。

　企業は事業年度が終わってから2か月以内に管轄の税務署に税務申告書(tax return）を提出し，法人税を納付しなくてはなりません。

Corporate tax is levied on income in each accounting period and liquidation income. As a rule, corporations must file their tax returns with the competent district director within 2 months after the end of their accounting period. According to Corporation Tax Law, an accounting period is defined as a business year specified in the articles of incorporation or an equivalent period. (from National Tax Agency website)

税金の計上

税金の種類			損益計算上の科目
法人事業税	所得割	⇨	法人税，住民税及び事業税
	資本割	⇨	販売費及び一般管理費
	付加価値割	⇨	販売費及び一般管理費
法人住民税	法人税割	⇨	法人税，住民税及び事業税
	均等割	⇨	販売費及び一般管理費
法人税		⇨	法人税，住民税及び事業税

参考

法人税率

	資本金1億円超の会社	資本金1億円以下の会社	
		年800万円超からなる分	年800万円以下からなる分
課税所得（taxable income）	23.4%	23.4%	15%

（上記の法人税率は2016年4月以降に始まる事業年度より）

税効果会計　accounting for income taxes

　税効果会計とは，企業会計上の資産・負債と，税務上の資産・負債との間に時間的なズレ，すなわち一時差異（temporary differences）がある場合，それを調整し，税金費用を適切に期間配分する手続のことです。この税効果会計を適用するのは主に上場会社で，非上場の中小企業の場合は適用する必要はありません。そもそも中小企業は税法上の基準で会計処理を行っているところが多く，一時差異は生まれないため調整の必要がありません。

　一時差異の例としては，減価償却費損金計上限度超過額，貸倒引当金の繰入超過額，事業税の未払計上額などがあります。企業は会計上，税務に先立って費用計上をしている場合が多く，すなわち損金不算入となるものが多いため，税効果会計を適用しない場合は，少ない利益に対し税金は多くなるという現象が起きます（厳密には税金の前払であり，税金を多く支払うというわけではないことを付け加えておきます）。

税効果会計を導入することで，企業会計の収益に対応した費用の期間配分という考え方を，税金にもあてはめることができるのです。税効果会計を適用した場合，一時差異にかかる税金，例えば貸倒引当金の繰入超過額にかかる税金部分は，法人税等調整額（income tax-deferred）として計上し，当期の法人税（income tax expense）を減らす効果があります。同時に同額が，繰延税金資産（deferred tax assets）として資産計上されることになります。

一時差異　temporary differences
減価償却費の損金算入超過額　depreciation expense in excess of deductible amount
貸倒引当金損金算入限度超過額　provision of allowance for doubtful accounts in excess of deductible amount
事業税の未払計上額　accrued business tax
その他　others

Temporary differences occur because financial accounting and tax accounting rules are somewhat inconsistent when determining when to record some items of revenue and expense. Because of these inconsistencies, a company may have revenue and expense transactions in book income for 2018 but in taxable income for 2017, or vice versa.（from dummies.com）

参考

永久差異　permanent differences
　永久差異は，会計上では収益や費用として認識されるものが，税法上すなわち課税所得の計算において益金や損金に算入されない項目のことです。永久差異は税効果会計の対象とはなりません。

交際費　entertainment expenses
役員賞与　directors' bonuses
受取配当金　dividend income
寄付金　donation expenses
罰課金　penalties
その他　others

Permanent differences between the book and tax basis will never reverse; therefore, they will never impact taxable income.

例 税効果会計の例題を解いて仕訳をしてみましょう。

　L社の2016年度の税引前利益は2億2,000万円で，減価償却費の損金算入超過額は2,000万円でした。法人税率は30％として，法人税額および法人税等調整額はいくらでしょうか。

税引前当期純利益	220
損金算入超過額	＋ 20
課税所得	240

法人税額は，240×0.3＝72
法人税等調整額は，20×0.3＝6

Dr.		Cr.	
法人税（Income tax-current）	72	未払法人税（Income tax payable）	72
繰延税金資産（Deferred tax assets）	6	法人税調整額（Income tax-deferred）	6

（単位：百万円）

税効果会計で使う科目

法人税額（P/L勘定）　income tax-current
法人税等調整額（P/L勘定）　income tax-deferred
繰延税金資産（B/S勘定）　deferred tax assets
繰延税金負債（B/S勘定）　deferred tax liabilities

当期純利益　net income

　当期純利益は，売上からすべての費用と法人税（income taxes）などの税金が差し引かれた後の利益であり，企業の1事業年度の活動の成果を示す最終的な利益です。損益計算書の中での最後の利益であり，会計外では最終利益，最終損益と呼ばれる場合もあります。

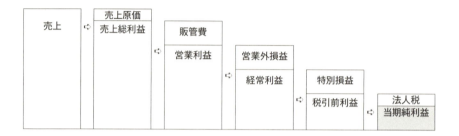

　企業はこの純利益から株主に配当金（dividend）を支払い，残りを剰余金（surplus）として社内に留保して将来の経済活動の原資とします。

参考

連結損益計算書の場合

　連結損益計算書では当期純利益の後に「被支配株主に帰属する当期純利益」と「親会社に帰属する当期純利益」を表示します。「企業結合に関する会計基準」等の改正により，2015年4月以降に開始する事業年度において表示の仕方が変更になりました。以前の「少数株主損益調整前当期純利益」は「当期純利益」と表示されます。つまり改正以降の「当期純利益」は，親会社株主に帰属する利益と帰属しない利益の両方が含まれることになります。

改正前	改正後（2015.4〜）
少数株主損益調整前当期純利益	⇨　当期純利益
少数株主損益	⇨　被支配株主に帰属する当期純利益
当期純利益	⇨　親会社株主に帰属する当期純利益

少数株主持分	⇨　被支配株主持分

被支配株主に帰属する当期純利益　net income attributable to non-controlling interest

　完全子会社ではない子会社を連結した場合に出てくる科目です。**被支配株主とは，企業の連結会計において親会社以外の株主**のことです。以前は「少数株主」と呼ばれていましたが，国際会計基準にあわせて2015年4月以降に開始する事業年度から呼び方が変わりました。「被支配株主に帰属する当期純利益」といわず，簡単に「被支配株主損益」とする場合もあります。

　連結貸借対照表では，親会社が100％出資していない子会社も，営業利益や経常利益の段階では利益を親会社にすべて含めてしまっているため，純利益の段階で被支配株主の持分に相当する利益を差し引くことになります。逆にもし子会社が赤字を出している場合は，被支配株主持分に相当する損失を差し引くことになります。

Non-controlling interest is the portion of the subsidiary's net income that the parent company is not entitled to in the consolidated statement of income.

親会社株主に帰属する当期純利益　net income attributable to owners of parent company

　親会社株主に帰属する当期純利益は，当期純利益から被支配株主に帰属する当期純利益を差し引いたものです。連結損益計算書の中の最後の利益となります。国際会計基準にあわせて2013年に会計基準が改正され，2015年4月以降に開始する事業年度からこの表示の仕方が使われています。

業績予想　earnings forecasts

　現在進行中の会計年度や翌期またはそれ以降の期について，企業の過去の実績をもとに市況や経済環境などを勘案して将来の見通しを立てて作る売上や利益の予想値です。株式を上場している企業は，決算短信の中で直近の事業年度の業績の速報値を開示すると同時に，翌期の業績の予想値（売上，営業利益，経常利益，親会社株主に帰属する当期純利益，1株当たり当期純利益）を開示することになっています。3月決算の企業ならば，9月末の中間期の予想値および翌3月期（年度末）の予想値を開示します。

　業績の速報値とともに公表した時期の業績の予想値が，その後の経営環境の変化などにより修正された場合，①売上高については±10%以上，②営業利益，経常利益，当期純利益については±30%以上の変化がある場合に，開示することが義務付けられています。これは証券取引所が上場企業に求める適時開示（timely disclosure）の一環です。

1株当たり純利益　EPS（earning per share）

$$1株当たり純利益（EPS）= \frac{税引後純利益（net\ income）}{発行済株式数（number\ of\ shares\ outstanding）}$$

　株価分析でよく用いられる1株当たり純利益（EPS）とは，企業が1年間にあげた税引後純利益を，発行している株式総数で割ったものです。ある会社が1,000万株の株式を発行していたとして，その会社が15億円の純利益をあげた場合，EPSは，1,500,000,000 ÷ 10,000,000 = 150で，150円となります。実際には分母の発行済株式数は期中の平均を使うのがよいでしょう。期中の平均は期首と期末の株式数を足して2で割った単純平均のほか，期中の変動の詳しい情報がある場合には加重平均も使います。

　企業のEPSの推移を見ると，企業の収益力が一目で理解できます。**EPS が毎年上昇傾向にあるなら，企業の収益力は高く，今後株価は値上がりすると予想**することができます。ただし発行済株式数は，増資，転換社債の転換，ワラ

ントの行使，株式分割，合併などで増加し，その場合EPSは低下しますので，そのことを考慮する必要があります。また，定期的に自社株買いをしてEPSの価値を高めている会社は，株主への利益還元を考えている会社ということもできるでしょう。

潜在株式調整後1株当たり純利益（fully diluted earning per share）は，前ページの公式の分母に普通株等価物だけでなく，潜在株式，すなわち権利行使した場合に発行済株式数を増加させるものを考慮して算出します。つまり，転換社債の転換や，ワラントの権利行使が起こると発行済株式数は増加しますので，これらを潜在株式ととらえ，これらがすべて一斉に顕在化したと想定した場合の1株当たり利益を算出します。従業員のストックオプションも同様です。

Further Study

収益力を分析する利益

損益計算書に直接表示される会計上の利益ではありませんが，財務分析で使用する利益がありますので，それについて少し触れましょう。

EBITDA = Earnings Before Interest, Taxes, Depreciation and Amortization

利払前，税引前，償却前利益。読み方は「イービットダ」または「イービットディエイ」。

EBITDA＝税引前利益＋特別損益＋支払利息＋減価償却費（有形固定資産償却費と無形固定資産償却費の合計）

設備投資と借入のコストを排除した利益を測るためのもので，設備投資額の大きな製造業に関して使うと有効です。

EBIT = Earnings Before Interest and Taxes

利払前，税引前利益。読み方は「イービット」。事業利益と呼ぶ場合もあります。

EBIT＝税引前利益＋特別損益＋支払利息

借入のコストの影響を排除した利益を測るためのものです。

包括利益　comprehensive income

　IFRS に基づく利益概念です。

　2011年にわが国でも「包括利益」の開示が始まりました。従来の「当期純利益」以外の新しい利益概念として，**連結財務諸表を作成する上場企業など**が開示しています。「包括利益」とは，ある企業の特定期間の財務諸表において認識された純資産の変動額のうち，当該企業の純資産に対する持分所有者との直接的な取引によらない部分をいうとされています。

Comprehensive income is defined by IFRS as "the change in equity [net assets] of a business enterprise during a period from transactions and other events and circumstances from nonowner sources.

　財務諸表において認識された「純資産の変動額」を算式で分解すると，次のようになります。

> 純資産の変動額＝株主等との取引による変動額（配当，増資等）＋当期純利益＋その他の包括利益（＝個別貸借対照表における評価・換算差額等）

　そして，「包括利益」は，持分所有者との直接的な取引（株主等との取引による変動額）を除いた算式で表されます。

> 包括利益＝当期純利益＋その他の包括利益（＝個別貸借対照表における評価・換算差額等）

Comprehensive income is the sum of net income and other comprehensive income.

　その他の包括利益は，包括利益には含まれるが当期純利益の構成要素にはならないものです。具体的には，その他有価証券評価差額金，繰延ヘッジ損益，為替換算調整勘定，退職給与に係る調整額などです。

70

包括利益の背景

　「包括利益って何？」。定義を読んでも最初わかりにくいなと思った方は多いと思います。

　以前の会計基準は単純で，損益計算書の当期利益は，貸借対照表の純資産の期首と期末の差額（増資などの資本取引と配当などの社外流出分を除いて）と一致していました。しかし近年の会計基準の改正，特に時価会計のちょっと複雑な会計処理のために，そう単純にはいかなくなりました。時価評価額と帳簿価額の差額を，損益計算書を通さずに（つまり事業年度の損益に反映させずに）直接純資産のところで表示する（つまり純資産を増減させる）科目が増えたためです。例えば持ち合いで所有する株式（その他有価証券）は投資目的ではないため損益に反映させることに馴染まず，直接純資産のところに評価差額を計上します。売買目的でない土地の再評価，繰延ヘッジ損益なども同様です。また，為替換算調整勘定なども今では純資産の部に計上されています。

　そこで「損益計算書の当期純利益 ＝ 貸借対照表の株主資本の期首と期末の差額」という関係が成り立っている部分についてそれを表示させるため，純資産の中身を整理して「株主資本」と「損益計算書」とを対応させ，一方，損益計算書を通さない項目については，「その他の包括利益」（「評価・換算差額等」）として表示しているのです。このことからも包括利益は，当期純利益プラスその他の包括利益ということが理解できると思います。包括利益とは，当期利益に当期に反映させていない利益を加えているので，文字どおり「包括的」な「利益」というわけです。

4 キャッシュ・フロー計算書
Cash Flow Statement

営業活動によるキャッシュ・フロー
cash flow from operating activities

　企業の本業であるところの営業活動から，一事業年度中にどれだけのキャッシュを生み出すことができるかを表示したものが，営業活動キャッシュ・フローです。売上の代金回収などから生じるキャッシュの流入（inflows）と，仕入に対する支払，給料の支払などによるキャッシュの流出（outflows）をとらえ，流入と流出を合計したものが「営業活動によるキャッシュ・フロー」です。営業キャッシュ・フロー（operating cash flow）という場合もあります。

　営業活動によるキャッシュ・フローは，プラスの数字が大きければ大きいほど，企業にキャッシュを生み出す能力（cash generating ability）があると評価されます。一方，利益があがっているにもかかわらず営業キャッシュ・フローが少ない場合は，売上が計上されているが実は代金が回収できていない，あるいは仕入が増えている，または棚卸資産が増えているなどの状況に陥っていて，好ましい状態ではないといえます。

　キャッシュ・フロー計算書の作成にあたり，営業活動によるキャッシュ・フローの部分については，直接法（direct method）と間接法（indirect method）があり，いずれかを選択することになりますが，現在わが国のほとんどの企業が間接法（indirect method）を用いています。

　間接法による営業活動キャッシュ・フローは，税引前当期純利益（税金等調整前当期純利益）からスタートし，減価償却費（depreciation and amortization）やその他の非現金項目（non-cash items）を加減したり，売上債権，棚卸資産，買掛金などの流動資産と負債の増減を計算するなど，本来のキャッシュの出入りをとらえるという観点からかけ離れているのが実情です。

また，投資活動や財務活動の区分に含まれる項目のうち損益の部分なども加減することから（すでに税引前利益に至るまでに加味されているため），営業キャッシュ・フローに至るまでの項目が大変多くなります。

間接法（indirect method）による営業キャッシュ・フローに含まれる項目

税金等調整前当期純利益／税引前利益　income before income taxes

減価償却費　depreciation and amortization

売上債権の増減　increase/decrease in receivables

棚卸資産の増減　increase/decrease in inventories

仕入債務の増減　increase/decrease in accounts payable

未払費用の増減　increase/decrease in accrued expenses

有形固定資産売却益　gains/losses on sale of property, plant and equipment

その他　others

投資活動によるキャッシュ・フロー
cash flow from investing activities

投資活動によるキャッシュ・フローは，主に，設備投資のための支出（capital expenditures）や有価証券の取得などによる支出と，固定資産の売却による入金（proceeds from sale of fixed assets），有価証券の売却による入金などをとらえ，収支を合計したものです。製造業の場合は将来に向けて設備投資を行うため，投資活動によるキャッシュ・フローはマイナスになる傾向があります。

投資活動によるキャッシュ・フローに含まれる項目

固定資産の売却による入金額　proceeds from sale of property, plant and equipment

有価証券の売却による入金額　proceeds from sale of securities

貸付金回収額　collection of loan principals

固定資産の取得による支払額　purchase of property, plant and equipment

有価証券の取得による支払額　purchase of securities

貸付金　loans made

その他　others

財務活動によるキャッシュ・フロー
cash flow from financing activities

　財務活動によるキャッシュ・フローは，短期や長期の借入金の調達と返済，社債の発行や償還などからくるキャッシュの流入と流出をとらえ合計したものです。また，配当金の支払（dividend payment）も財務活動によるキャッシュ・フローに含まれます。

　営業キャッシュ・フローが少ないため資金繰りが苦しく，運転資金を借入に頼らざるを得ない会社の場合，返済以上に新たな借入が増えることになり，財務活動によるキャッシュ・フローは増加する傾向があります。財務の健全な会社の場合は，営業活動によるキャッシュで投資活動のキャッシュをまかなうことができるため，特殊な要因がない限り，財務活動によるキャッシュが増加することはあまりないといえます。

財務活動によるキャッシュ・フローに含まれる項目

借入金調達額　proceeds from short-term and long-term debt

社債発行手取金　proceeds from issuing debt

株式発行手取金　proceeds from issuring shares

借入金返済による支出　repayment of debt principals

社債償還による支出　repayment of bonds

配当金支払額　payment of dividends

自社株購入額　repurchase of treasury stock

その他　others

キャッシュ・フロー計算書の例

［住友化学の平成28年3月期決算発表より］

Net cash provided by operating activities in fiscal 2015 was JPY 261.2 billion, essentially unchanged from the previous fiscal year. As income before income tax increased, during the previous fiscal year, the collection of money advanced in relation to the Rabigh Phase II Project.

（当連結会計年度の営業活動によるキャッシュ・フローは，税金等調整前当期純利益は増加したものの，前連結会計年度はラービグ第2期計画に係る立替金の回収があったこと等により，前連結会計年度とほぼ横ばいの2,612億円の収入となりました。）

Net cash used in investing activities was JPY 53.7 billion, a decrease in cash outflow of JPY 3.0 billion compared to the previous fiscal year, due to an increase in proceeds from the sale of investment securities despite a decrease in proceeds from the sale of property, plant and equipment. This resulted in JPY 207.5 billion free cash flow for fiscal 2015, compared to the JPY 204.2 billion of the previous fiscal year.

（投資活動によるキャッシュ・フローは，固定資産の売却による収入が減少した一方，投資有価証券の売却による収入が増加した結果，前連結会計年度に比べ30億円増加し，537億円の支出となりました。この結果，フリー・キャッシュ・フローは，前連結会計年度の2,042億円の収入に対して，当連結会計年度は2,075億円の収入となりました。）

Net cash used in financing activities was JPY 178.0 billion. The balance of cash and cash equivalents at the end of the fiscal year increased by JPY 13.6 billion over the previous fiscal year to JPY 215.6 billion.

（財務活動によるキャッシュ・フローは，1,780億円の支出となりました。また，当連結会計年度末の現金および現金同等物の期末残高は，前連結会計年度に比べ136億円増加し，2,156億円となりました。）

5 テーマ別例文集(1)

会計，会計原則，会計基準など

会計基準	Our financial statements are prepared in accordance with the Japanese GAAP (generally accepted accounting principles). (わが社の決算書は日本の会計基準で作成しています。) (直訳は，我々の決算書は日本で一般的に認められる会計原則に従って用意されています。) ☞in accordance with ～　～に従って
	These financial statements are made on the basis of IFRS (International Financial Reporting Standards). (この財務諸表は，国際会計基準に基づいて作られています。) ☞on the basis of ～　～を基準に
会計基準の変更	The accounting standards adopted by Mitsubishi Corporation changed from USGAAP to IFRS in the fiscal year ended in March 2014. (三菱商事の会計基準は，平成26年3月期に米国基準から国際会計基準に変更されました。)
重要性の原則	Due to a lack of materiality, a JPY 0.1 million gain on the sale of securities is included in 'other non-operating income' in the latest financial statements. (10万円の有価証券売却益は重要性がないことから，直近の財務諸表では「その他の営業外利益」に含まれています。)
継続企業	There are no events and conditions which indicate there could be substantial doubt regarding going concern assumption. (継続企業の前提に関して，重大な疑義があることを示すような事象または状況はありません。) ☞events and conditions　事象と状況 　substantial doubt　重大な疑義，疑念 　going concern assumption　継続企業の前提
公開，説明会	Eisai holds financial disclosure meetings for analysts and institutional investors on a quarterly basis in conjunction with financial result disclosures. Furthermore, Eisai holds an annual information meeting, that is separate from financial disclosure meetings to explain its strategy. (エーザイは業績の発表に関して，四半期ごとにアナリストと機関投資家向けに決算発表会を開催します。さらにエーザイは，決算発表会とは別に，その戦略を説明するインフォメーションミーティングを年に1度開催します。) ［エーザイのアニュアルレポートより］

☞institutional investors　機関投資家
in conjunction with 〜　〜に連動して
separate from 〜　〜と別に

決算期

会計年度	The fiscal year of Canon Inc. ends in December. （キヤノンは12月決算です。） ☞直訳は，キヤノンの事業年度は12月に終わります。 fiscal year　事業年度，会計年度，決算期
	The fiscal year-end of many Japanese companies is in March. （日本企業の多くは3月決算です。） ☞直訳は，多くの日本企業の事業年度末は3月です。
変則決算	We changed our fiscal year-end from March to December this time. Therefore, the latest fiscal year has only nine months. （この度，わが社は決算期を3月から12月に変更しました。よって，直近の会計年度は9か月間しかありません。）

決算書

直近の決算書	Are the latest financial statements of Sato Corporation available? （佐藤工業の直近の決算書（財務諸表）は入手可能ですか？）
決算発表	Do you know when the latest accounts of NTT Data will be released? （NTT データの直近の財務諸表はいつ発表されるかわかりますか？） ☞release　公開する，発表する accounts も決算書を意味する場合があります。
	Toyota released the financial results for March 2018 yesterday. （トヨタは昨日，平成30年3月期の決算を発表しました。）
IR	Please contact our IR team for the latest financial statements. （最新の財務諸表については IR チームにお問い合わせください。） ☞IR = Investor Relations の略です。広報部に当たります。
決算説明会	We are scheduled to hold an analyst meeting tomorrow afternoon for the financial results for March 2017. （わが社は，2017年3月期の業績についてアナリストミーティングを明日の午後開催する予定です。） ☞be scheduled to 〜　〜を予定している
決算書の質問	We have some questions about B/S accounts. （バランスシートの科目についていくつか質問があるのですが。） ☞この場合の accounts は科目の意味

その他

未監査報告書	We only have an unaudited balance sheet and an income statement. （わが社には監査をしていない貸借対照表と損益計算書しかありません。） ☞unaudited　未監査の 　会計監査については資本金5億円以上，負債の合計が200億円以上 　でなければ監査義務はありません。
決算説明会	Mitsubishi Materials Corporation is scheduled to hold a first-quarter financial results briefing for institutional investors. （三菱マテリアルは第1四半期の業績説明会を機関投資家向けに行う予定です。） ☞briefing　説明会
適時開示	TSE requires listed companies to couduct timely disclosure of corporate information that may have material influence on investment decisions, such as information on corporate strategy, business operation, and financial results. （東証は，上場会社に対し，事業戦略や営業活動や業績など投資判断に重要な影響を与えかねない企業情報の適時開示を求めています。） ☞TSE = Tokyo Stock Exchange　東京証券取引所（東証） 　timely disclosure　適時開示
利害関係者	Our stakeholders include customers, shareholders, employees, dealers and suppliers, as well as the communities in which the company works and operates. （私たちの利害関係者には，お客様，株主，従業員，ディーラー，サプライヤーに加え，当社が活動する地域社会も含まれています。） ☞as well as ～　～同様
公会計（東京都）	In 2006, the Tokyo Metropolitan Government implemented the use of accrual basis accounting along with double-entry bookkeeping procedures and applied them to its General and Special Accounts (with the exception of Public Enterprise Accounts, such as Waterworks). （東京都は，平成18年に，従来の官庁会計（単式簿記・現金主義会計）に複式簿記・発生主義会計の考え方を一般会計や特別会計（ただし水道事業のような公共事業会計を除く）に取り入れた新しい公会計制度を導入しました。） ［東京都会計管理局のホームページより］ ☞implement　実施する 　double-entry bookkeeping　複式簿記 　General Account　一般会計 　Special Account　特別会計
重要な会計方針	Disclosure of a summary of the singnificant accounting policies of a corporation is required under the Japanese GAAP. （企業の重要な会計方針の要約は，日本の会計基準のもとで開示することが求められています。）

	☞significant accounting policies　重要な会計方針
連結財務諸表	The consolidated financial statements include the account of the company and its majority-owned subsidiaries. All significant intercompany items are eliminated in consolidation. Companies with investments ranging from 20%-50% are accounted for by the equity method. (その連結財務諸表には，当社および当社が50％超を所有する子会社の勘定が含まれています。連結に際し重要な内部取引項目はすべて消去されます。20％から50％所有の会社への投資については，持分法が適用されます。) 　　☞eliminate　消去する 　　　equity method　持分法

売上および利益

[マツダの決算発表から]

As for financial performance on a consolidated basis, net sales amounted to JPY 3,406.6 billion, an increase of JPY 372.7 billion or 12.3% over last fiscal year, owing to the increase in sales of SKYACTIV models in global markets.
(当期の当社グループの連結業績につきましては，売上高は「SKYACTIV 技術」搭載車の世界市場での販売拡大により，3兆4,066億円（前期比3,727億円増，12.3％増）となりました。)

Operating income amounted to JPY 226.8 billion, an increase of JPY 23.9 billion or 11.8% over last fiscal year, owing to the increase of wholesales as well as ongoing cost improvements made by Monotsukuri Innovation.
(営業利益は，出荷台数の増加や「モノ造り革新」による継続的なコスト改善等により2,268億円（前期比239億円増，11.8％増）となりました。)

Ordinary income amounted to JPY 223.6 billion, an increase of JPY 11.0 billion or 5.2% over the last fiscal year.
(経常利益は2,236億円（前期比110億円増，5.2％増）となりました。)

Net income attributable to owners of the parent company amounted to JPY 134.4 billion, a decrease of JPY 24.4 billion or 15.4% over the last fiscal year, mainly due to the reserve for product warranties in extraordinary losses.
(親会社株主に帰属する当期純利益は，製品保証引当金繰入額を一部特別損失へ計上したことなどにより，1,344億円（前期比244億円減，15.4％減）となりました。)

79

売上

売上の報告	Total sales grew by 5% to JPY 1,050 billion in the fiscal year that ended in March 2017 as a result of the launch of a new model in India. (2016年3月期の総売上は，インドで新車を発売した結果5％伸長して1兆500億円でした。) ☞ as a result of ～　～の結果 　　launch はこの場合は発売（上市） Consolidated sales increased by 1.5% to JPY 1,450 million, reflecting the steady demand for housing in North America. (連結売上高は，北米での底堅い住宅の需要を反映して，1.5％増加し14億5,000万円となりました。) ☞ reflecting ～　～を反映して Group sales declined 10.0% to JPY 6,320 million, due mainly to the exclusion of KKK Corporation from the scope of consolidation. KKK Corporation was transferred to a US company on January 1st, 2015. (連結売上は，KKK コーポレーションを連結の範囲から除外したため，10％減少して63億2,000万円となりました。KKK コーポレーションは2015年1月1日に米国の会社に譲渡されています。) ☞ group sales は consolidated sales と同義です。 　　scope of consolidation　連結の範囲
総合商社の売上について	The total trading transaction is a voluntary disclosure that represents the gross transaction volume of trading transactions, or the nominal aggregate value of the transactions for which the Companies act as a principal or agent. (総取扱高は，任意に開示している数値で，当社および子会社が契約当事者として行った取引額および代理人等として関与した取引額の合計であります。) ［総合商社の決算書の記述より］ ☞ 総合商社は IFRS 採用以来，上記のような説明文を記載しています。 　　voluntary disclosure　自発的な開示
売上の内訳	Domestic sales declined by 2% on a year-over-year basis, while overseas sales increased by 5%. (国内売上は前年対比2％減少しましたが，海外売上は5％増加しました。) ☞ on a year-over-year basis　前年比，on a year-on-year basis と同義（cf. compared to the previous year　昨年と比較して） Please give us a breakdown of sales by region (by product). (地域別（製品別）売上の内訳を教えてください。) ☞ cf. sales breakdown by country　国別売上，sales breakdown by business segment　ビジネスセグメント別売上 Underwriting income stood at JPY 4,606.5 billion, investment income

stood at JPY 389.5 billion and other ordinary income at JPY 16.8 billion, resulting in a total ordinary income of JPY 5,013.0 billion.

（保険引受収益は4兆6,065億円，資産運用収益は3,895億円，その他経常収益は168億円となり，その結果，総経常収益は5兆130億円となりました。）

☞経常収益は保険会社の売上

売上の認識 （長期請負工事）	Maeda Corporation applies a completed contract method in recognition of sales. Therefore, all revenue and expense recognition is deferred until the project is complete. （前田工業は売上の認識に関して，完成工事基準を採用しています。したがって，収益と費用の認識は，工事が完成するまで先送りとなります。） ☞ recognition of sales　売上の認識
売上予想	Group sales for the year ending in March 2019 are expected to decline by roughly 5%, reflecting the strong yen. （2019年3月期の連結売上高は，円高を反映して約5％減少すると予想されます。） ☞for the year ending ～　将来終わる年度。 　　もうすでに終わった年度には for the year ended in ～ 　　the strong yen　円高（cf. the weak yen　円安）

売上原価

製造原価	Purple Inc. succeeded in the improvement of gross profit by reducing the cost of goods manufactured, especially labor cost. （パープル社は製造原価，特に労務費を削減して粗利（売上総利益）を改善させることに成功しました。） ☞labor cost　労務費，製品の生産のために消費される人件費のこと
減価償却費	How much is the depreciation and amortization expense included in the cost of sales? （売上原価に含まれている減価償却費はいくらですか？） ☞depreciation　有形固定資産の減価償却費 　amortization　無形固定資産の減価償却費

売上総利益，売上総利益率

売上総利益，売上総利益率の報告	Gross profit of Tanaka Corporation declined by 1% while its gross profit margin improved from 28% to 30%. （タナカコーポレーションの売上総利益は1％減少したものの，売上総利益率は28％から30％に改善しました。） ☞gross profit margin　売上総利益率，粗利益率
	Our products are all manufactured by three subsidiaries in Asia, and under the strong yen, gross profit grew by 6% from the previous year

to JPY 530 million.
（わが社の製品はすべてアジアの子会社3社で製造されています。円高により売上総利益は前年比6％増加の5億3,000万円となりました。）

売上総利益率の比較	The gross profit margin ratio of the company improved from 27.5% to 28.3%, which is still lower than the industry average. （当社の売上総利益率は27.5％から28.3％に改善されましたが，依然業界平均より低い水準にあります。）

販管費及び一般管理費

貸倒引当金繰入額	A total of JPY 50 million was booked as a provision of allowance for doubtful accounts in SGA expenses. There was no bad debt written off during the year. （計5,000万円が貸倒引当金として販管費に計上されました。その期の貸倒償却はありませんでした。） ☞provision　引当金繰入額 　 bad debt written off/ bad debt write off　貸倒償却
光熱費	Expenses for electricity, gas and water are booked as utility expenses. （電気，ガス，水道代は光熱費として計上されます。）
福利厚生費	Company houses, commutation expenses, travel expenses and expenses for gifts for celebration and condolence can be booked as welfare expenses. （社宅，交通費，出張費，慶弔金は福利厚生費として計上することが可能です。）
税金	Part of inhabitant and business taxes should be included in SGA expenses. （法人住民税と法人事業税の一部は販管費に含めなければなりません。） ☞住民税均等割　inhabitant tax on per capital basis, 事業税付加価値割　business tax on added-value basis, 事業税資本割　business tax on capital basis は販管費に含めます。
人件費	SGA expenses increased by 10% from the previous year because the company paid a total of JPY 300 million in retirement allowances to 10 employees who had reached 60. （販管費は前年対比10％増加しましたが，それは60歳に達した社員10名に総額3億円の退職金を支払ったからです。） ☞費用が高額の場合は特別損失に含める場合もあります。

営業利益，営業利益率

営業利益の報告	Operating income stood at JPY 511 million（＋ 1.8% yoy）. （営業利益は5億1,100万円でした（前年対比プラス1.8％）。） ☞yoy は year-on-year の略

82

	Operating profit more than doubled from the previous year. （営業利益は前年度から 2 倍以上に増えました。） ☞more than double　2 倍以上になる
	Seven-Eleven Japan and 7-Eleven, Inc. achieved record-high operating income in the fiscal year ended in February 2016. （セブンイレブンジャパンとセブンイレブンインクは平成28年 2 月期に営業利益が過去最高となりました。） ☞record-high　過去最高
	Operating results made a positive turnaround for the first time in four years. （営業利益は 4 年ぶりにマイナスからプラスに転じました。） ☞make a positive turnaround　黒字化する
営業利益率	Operating profit margin is the percentage of operating profit to sales (revenues). （営業利益率は，売上に対する営業利益の比率（パーセンテージ）です。）

営業外収益

営業外収益の報告	Equity in the earnings of affiliates in the year under review stood at JPY 800 million （+10% yoy）, which contributed to an increase in ordinary profit. （当該年度の投資持分利益は 8 億円でした（前年対比＋10%）が，これにより経常利益は増大しました。） ☞equity in earnings of affiliates　関連会社の投資持分利益 　　contribute to ~　～に貢献する，寄与する
	Non-operating income in the year under review includes a JPY 3.5 million gain on the sale of securities. （当期の営業外収益には有価証券売却益が350万円含まれています。）
その他	Interest income, dividend income, minor gain on sale of marketable securities, rent income, etc. are all included in non-operating income. （利息収入，配当，有価証券売却益（金額の小さいもの），賃貸収入などはすべて営業外収益に含まれています。）
	Please provide us with the breakdown of the non-operating income. （営業外収益の内訳を教えてください。）

営業外費用

有価証券売却益	Takeda Corp. posted a JPY 0.5 million loss on sales of securities. It is included in non-operating income.

（タケダコープは50万円の有価証券売却損を計上しましたが，それは営業外費用の中に含まれています。）
☞post　計上する

金融収支	Net interest expense is the interest expense net of the interest income. （金融収支は利息収入から利息費用を引いたものです。） ☞利息収入には通常，借入利息のほか，配当や有価証券の利息収入も含まれます。同様に利息費用には借入の利息のほか，有価証券の利息費用も含まれます。
創立費	Organizational expense can be booked as a deferred asset and amortized over time. （創立費は繰延資産として計上され何期かにわたって償却されます。） ☞over time　時間とともに

経常利益

経常利益の報告	Consolidated ordinary income fell 42.2% to JPY 76.2 billion reflecting foreign exchange losses and a loss on valuation of derivatives of one of the overseas subsidiaries, among other factors. （連結ベースの経常利益は42.2%減少し762億円となりましたが，これはとりわけ海外子会社の1社での為替差損とデリバティブの評価損によるものです。） ☞ a loss on valuation of derivatives　デリバティブの評価損
経常利益率	The ratio of ordinary profit to sales improved marginally from 10.1% to 10.2%. （経常利益率は10.1%から10.2%とわずかに改善しました。） ☞経常利益率＝経常利益÷売上高 　marginally　わずかに

特別利益

補助金の受取	Tokuyama's consolidated subsidiary, Tokuyama Malaysia Sdn. Bhd., received a subsidy for manufacturing facilities and equipment. As a result, the company will post around 2.0 billion yen as extraordinary income. （トクヤマの連結子会社であるトクヤママレーシアはプラント設備に関して補助金を受領いたしました。その結果，当社は約20億円を特別利益として計上する予定です。） ［トクヤマの決算発表より］ ☞subsidy　補助金
負ののれん	On February 3rd, 2016, the company acquired a 90% stake in Bahar Su Sanayi ve Ticaret A. Ş., a beverage manufacturing subsidiary of Yildiz Holding A. Ş., which is a major food group in the Republic of

Turkey. A negative goodwill gain of 371 million yen was reported as extraordinary income in the the first quarter of FYE01/17.
（当社は，平成28年2月3日にトルコ共和国の大手食品グループである Yildiz Holding A. Ş. が保有する飲料製造子会社「Bahar Su Sanayi ve Ticaret A.Ş.」の株式を90%取得しました。これに伴い，平成29 年1月期の第1四半期において，負ののれん3億7,100万円が特別利益として報告されました。）
［ダイドードリンコの決算発表より］

子会社売却	Morimoto Corp. sold one of its subsidiaries in Shanghai to a Chinese company, which brought in an extraordinary income of roughly JPY 500 million. （モリモトは上海にある子会社のうち1社を中国系の会社に売却し，その結果約5億円の特別利益が生じました。）

特別損失

［ソフトバンクの例］

On February 5th, 2015 (EST), Sprint Corporation ("Sprint", a company that reports in US GAAP), a subsidiary of SoftBank Corp. (the "Company") in the U.S., announced that it recorded impairment losses of USD 2.13 billion (approximately JPY 256.8 billion) for the three-month period ended December 31st, 2014 (the "third quarter"). The company announced that an impairment loss related to Sprint was not recognized in the company's consolidated financial statements (under IFRSs) as described below.
（2015年2月5日（米国東部時間），当社の米国子会社である Sprint Corporation （以下「スプリント」，米国会計基準）は，2014年12月31日に終了した3か月間（以下「当第3四半期」）において21.3億米ドル（約2,568億円）の減損損失を計上したことを発表しましたが，当社連結決算（国際会計基準）では，当第3四半期においてスプリントに係る減損損失を認識しませんでしたので，下記のとおりお知らせいたします。）
EST= Eastern Standard Time　米国東部時間

［解説］
　Sprint Corporation は米国で固定長距離通信サービスやインターネット事業を行う会社で，ソフトバンクは2013年にこの会社を子会社化しました。ソフトバンクの説明によると，Sprint は米国会計基準に基づいて個別資産ごと，あるいは資産グループごとに減損テストを実施し，その結果 Sprint は個別損益計算書に減損損失を計上しました。一方，ソフトバンクグループは連結決算で国際会計基準（IFRS）を適用し，そこではグループ全体で減損テストを実施，その結果，回収可能価額はのれんを含む純資産簿価を上回ったために減損損失は認識されなかったということです。

純資産簿価　＜　回収可能価額　⇨　減損なし

85

特別損失（つづき）

減損損失	We recorded an impairment loss on property, plant and others of JPY 102.5 billion, a decrease of JPY 12.7 billion, or 11% from the previous fiscal year. This mainly reflects the rebound of the impairment losses in the gas and oil development business in Oceanina, North America and Europe in the year ended March 2015. （当社は1,025億円の固定資産の減損損失を計上しましたが，前年度からは127億円の減少，または11％の減少となりました。これは主に平成27年3月期にオセアニア，北米および欧州における石油・ガス開発事業において計上した減損損失の反動によるものです。） ［三菱商事の統合報告書より抜粋］
災害損失 （復旧費用）	Kyushu Electric Power said it will book around JPY 10 billion in reconstruction expenses for power lines as an extraordinary loss. Another JPY 10 billion or so is earmarked for investment in hydropower and other facilities damaged by the quakes. （九州電力は，電力供給設備の復旧費用として約100億円を特別損失として計上することを明らかにしました。また同様に約100億円を，地震によって被害を受けた水力発電その他の設備に投じることも明らかにしました。） ☞earmark　耳標を付ける，特別の用途にとっておく

税金

法人税(所得税)	A domestic corporation in Japan is taxed on its worldwide income, including foreign branch income. The tax rate was reduced from 23.9% to 23.4%, effective from the business year commenced on and after April 1st, 2016. （日本の内国法人は，海外の支店を含めて世界で稼いだ所得に対して課税されます。所得税率は23.9％から23.4％に引き下げられましたが，この税率は平成28年4月1日以後に開始した事業年度から実施されています。）
法人事業税	It is prefectural governments that levy business taxes on corporations. （法人事業税を課税する地方自治体は都道府県です。） ☞levy　課する 　business taxes　法人事業税
法人住民税	Corporate inhabitant taxes are levied not only on income but also on a per capital basis using the corporation's capital and the number of its employees as the tax base. （法人住民税は所得に課せられるだけでなく，企業の資本金や従業員数をベースに均等割が課せられます。） ☞ on per capital basis　均等割
消費税	The consumption tax rate is currently 8%. The rise to 10%, which was scheduled in October 2016, has been postponed to October 2019.

	（現在消費税率は8％です。2016年10月に予定されていた増税は2019年10月に延期されました。）
税効果会計	The asset and liability approach is used to recognize deferred tax assets and liabilities for the expected future tax consequences of temporary differences between the carrying amounts and the tax bases of assets and liabilities. （資産と負債の（会計上の）帳簿価額と税法上の価額の一時差異から生じる将来の税金に繰延税金資産や負債を認識するために資産負債アプローチが使われています。）

当期純利益その他

当期純利益の報告	Toyota's global net income increased by 6.4% to JPY 2,312.7 billion for the fiscal year which ended in March 31, 2016. （トヨタグループの平成28年3月期の純利益は6.4％増加して2兆3,127億円となりました。 ［トヨタの決算報告から］ 　☞global はこの場合グループ，連結と同義と考えてよいでしょう。
	"Net income attributable to owners of the parent company" increased by JPY 7.2 billion from FY2014 to JPY 166.9 billion due primarily to the non-recurrence of extraordinary losses posted in FY2014 in Sumitomo Mitsui Trust Bank (Non-consolidated). （親会社株式に帰属する当期純利益は2014年度から72億円増加し1,669億円となりましたが，これは主に三井住友信託銀行（非連結）において2014年に計上したような特別損失が発生しなかったことによるものです。） ［三井住友信託銀行の決算から］
純利益に関連して	Net income per share is 5 yen. （1株当たり純利益は5円です。） 　☞1株当たり純利益＝当期純利益÷期中の平均発行済株式数

包括利益

包括利益の定義	Comprehensive income represents the periodic change in the book value of shareholders' equity during the reporting period resulting from transactions and events not involving owners (shareholders). （包括利益とは，株主と関係のない取引や事象から発生する，株主資本の帳簿価格の，報告年度中の増減を表しています。）
その他	Basically, unlisted companies do not prepare a statement of comprehensive income. （基本的に，非上場企業は包括利益計算書を作成していません。）

キャッシュ・フローその他

キャッシュ・フロー表の目的	The purpose of a cash flow statement is to get a clear picture of cash inflows and outflows in the business. （キャッシュ・フロー表の目的は，ビジネスにおけるキャッシュの出入りの状況を把握することです。） ☞get a clear picture of ～　事態を把握する，意味をとらえる
営業キャッシュ・フロー	The amount of gain on the sale of securities should be deducted in the operating cash flow section, because it is already accounted for in the net income before income taxes. （有価証券売却益は営業キャッシュ・フローのところで差し引かなければなりません。なぜならすでに税引前当期純利益のところで加味されているからです。）
投資キャッシュ・フロー	Net cash used in investing activity stood at JPY 45 million. （投資活動におけるネットキャッシュは－4,500万円でした。） ☞投資活動ではキャッシュはマイナスになることが多く，Net cash used は使用したネットキャッシュで，つまりキャッシュはマイナスであることを示しています。
財務キャッシュ・フロー	Repayment of long-term borrowing and payment of dividends are major cash outflows in financing activities. （長期の借入の返済や配当金の支払は財務活動における主たるキャッシュアウトフロー項目です。）
業績の見通し	Our short-term business outlook is negative. （わが社の短期的な見通しは否定的です。） ☞outlook は見通し，positive は上向き，stable は安定的，現状維持，negative は否定的で，業務悪化が予想される場合に使います。
1株当たり純利益	Calculation of diluted EPS under a complex capital structure allows the investors to see the adverse impact on EPS if all diluted securities convert into common stock. （複雑な資本構成のもとで潜在株式1株当たり純利益を計算するのは，希薄化に寄与する証券がすべて普通株式に転換された場合の，EPS に与える負の影響を投資家に伝えるためです。） ☞adverse impact　悪影響。ここでは普通株式が増えて EPS が減少する状況を想定しているので，投資家にとって adverse impact となります。

6 貸借対照表
Balance Sheet

＜資産の部＞

現預金　cash and deposit

　流動資産の勘定科目の1つです。現預金には現金（cash），銀行預金（bank deposits）（当座預金，普通預金，通知預金，定期預金など）のほか，貯金（通常貯金，定期貯金，振替貯金など）が含まれます。決算などでは受け取った小切手でまだ銀行に提示していないものも預金として扱います。

預金の種類

当座預金　current deposits

　主に企業や個人事業主が営業上の支払に利用する無利息の預金のことです。現金の代わりに「小切手」や「手形」で支払をする際に利用します。また，当座預金を持つ企業に，預金額を超えて一定限度まで使える当座借越（overdraft，O/D）が認められる場合があります。借越分には利息が課せられ，決算日に借越分がある場合，その額は短期借入金として表示します。

普通預金　ordinary deposits

　自由に預入や払戻のできる預金です。金利は預金の中で最も低くなります。

定期預金　time deposits

　預入期間を定めて預け入れ，期間が満了する（満期日）までは原則として払戻ができない期限のついた預金です。普通預金と比較して金利は高く設定されます。

通知預金　notice deposits

　まとまった資金を短期間預ける場合に，普通預金よりも高い金利で運用する

ことができる預金です。通常，預入後最低7日間は据え置く必要があり，引き出す際には少なくとも2日前には通知することになっています。

要求払預金　demand deposits

預入の期間の定めがなく，要求に応じてただちに払い戻される預金です。普通預金や当座預金も要求払預金ということができます。

外貨預金　foreign currency deposits

円預金と比較して金利は高い場合が多いですが，為替の変動リスクがあり，預け期間中に円安に動いた場合は為替差益を享受できますが，円高になった場合は為替差損が発生します。

Payoff　ペイオフ

ペイオフ＝預金保険制度（deposit insurance system）は今ではすっかり定着しました。

英語のpayoffには払戻，利息と元本の返済という意味があり，金融機関が経営破たんした場合，預金保険機構（Deposit Insurance Corporation of Japan）によって預金者への払戻を保証する制度のことです。払戻といっても預金全額が払い戻されるわけではありません。利息のつく普通預金，定期預金，定期積金などについては，1金融機関ごとに合算して，預金者1人当たり元本1,000万円までと破たん日までの利息等が保護されます。預金保険制度の原資となる保険料は，金融機関が前年度の預金量等に応じて，毎年預金保険機構に納付しています。

ちなみに，ゆうちょ銀行も今では預金保険制度の対象の金融機関ですので，利息のつく貯金は1人当たり元本1,000万円までが保護されます。2016年4月からゆうちょ銀行の預入限度額が1,300万円になりましたが，くれぐれもそちらと混同しないように……。

売掛金　accounts receivable
受取手形　notes receivable

　売掛金は，商品または製品を掛けで（現金でなく）売ったとき，すなわち掛売した（sell on credit）ときに記帳される勘定科目です。**企業の主たる営業取引から生じる勘定科目で，商品や製品を掛売したときだけでなく，サービスの提供をした場合にも使います。**将来現金の受取があることを意味します。Accounts receivable は略して A/R とも書きます。また，trade accounts receivable ということもあり，流動資産に計上されます。

　決済手段として手形（notes）を受け取る場合は，受取手形（notes receivable, N/R または trade notes receivable）を記帳します。手形は，通常，約束手形（promissory notes）で，手形の振出人（drawer）が受取人（receiver）に対して指定した期日に手形に記載された代金を支払うことを約束したものです。支払期日に手形を銀行に提示して換金しますが，手形の期日が来る前に銀行に提示し割り引いてもらい換金することも可能です（手形割引 bill discounting）。

　売掛金および受取手形などの営業債権は，相手先の代金の支払をもって決済され，取引が完了します。仕入れた商品を売り，製品が現金に変わり，利益を得た瞬間でもあります。企業はその資金をもとにまた次の商品の仕入や原材料等の購入にあてて事業を進めていきます。

関連用語

正常営業循環基準　normal operating cycle

　営業循環の流れの中にある資産と負債はすべて流動資産または流動負債に計上するという考え方です。**売掛金，支払手形，棚卸資産，買掛金などの営業債権と負債は期日に関係なく流動資産と流動負債に含める**ということです。これに対するのが1年基準（one-year rule）で，1年以内に期日の来るものは流動資産，流動負債に計上するという考え方です。

延滞債権　overdue accounts

　支払の期日（due）が来ても支払がされない売掛金のことで，delinquent accounts ともいいます。単純なミスによる場合と，支払人の資金繰りに問題があり支払ができない場合とがあるので注意しなければなりません。

貸倒引当金　allowance for doubtful accounts/allowance for noncollectible accounts

　相手先の破産（insolvency）などによって，売上代金が回収不能となることを予測し，将来貸倒れの可能性がある売掛金や受取手形がどのくらいかを見積もって積み立てておくのが貸倒引当金です。評価性引当金の１つで，貸借対照表上で営業資産（主に売掛金）を控除する形で表示します。

例 仕訳（journal entries）をしてみましょう。

①　2015年４月１日，A社はB社に商品を200万円で掛売しました。

　A社の仕訳

Dr.		Cr.	
売掛金（A/R）	2,000	売上（Sales）	2,000

（Dr. は借方（debit），Cr. は貸方（credit））

②　2015年５月31日，B社から商品の代金200万円が入金されました。

Dr.		Cr.	
預金（Bank deposit）	2,000	売掛金（A/R）	2,000

③　①に関して５月31日，B社から後日現金と手形を100万円ずつ受け取った場合

Dr.		Cr.	
現金（Cash）	1,000	売掛金（A/R）	2,000
受取手形（N/R）	1,000		

④　③に関して６月30日に手形が決済されました。

Dr.		Cr.	
現金（Cash）	1,000	受取手形（N/R）	1,000

（単位：千円）

有価証券　Securities

　有価証券（securities）は財産的価値を表示する証券です。主に株式（shares），国債，地方債，社債（corporate bonds, debt securities），投資信託や貸付信託の受益証券（beneficiary notes）などで，紙面そのものに価値があります。市場性のある有価証券は marketable securities といいます。また，手形（notes），小切手（checks），船荷証券（bill of lading），さらには商品券，プリペイドカードなども広義の有価証券に含まれます。

　企業は資金的にゆとりがある場合，有価証券（主に株式や公社債）を購入して余剰資金を運用します。株式を保有することにより配当（dividend）を，公社債からは利息（interest）を受け取ります。また，株式市場や債券市場の動きを把握し，値上がりした有価証券を売却して売却益（gain on sale of securities）を得ることもあります。配当や利息の収入のことをインカムゲイン（income gain），売却益をキャピタルゲイン（capital gain）ともいい，有価証券の投資はこの二重の利益を享受することができるのです。

　余剰資金の運用とは別に，企業に子会社（subsidiaries）や関連会社（affiliates）などがある場合，その出資金同様，子会社株式や関連会社株式を保有し，それらの会社の債券などを保有している場合もあります。また，関連会社ではないものの，営業活動の中で築いた関係の維持や取引の維持のために，取引先などの株式や債券を保有するということも少なくありません。

Securities are financing or investment instruments（some negotiable, others not）bought and sold in financial markets, such as bonds, debenture, notes, options, shares（stocks）and warrants.（from BusinessDictionary.com）

有価証券の分類と会計処理

売却目的有価証券　securities for sale
　売却により利益を得ることを目的として保有する有価証券です。流動資産に含まれます。保有する目的が後に売却し利益を得ることにあるので，投資の成果を決算書に反映させるために，期末時点で時価に再評価します。取得原価と

期末時点での時価との差額については，評価益（valuation gain）または評価損（valuation loss）を損益計算書に計上します。

満期保有債券　held-to-maturity securities

満期まで保有することを目的としている債券等で，固定資産に含まれます。満期まで保有して利息と元本の受取を目的としているので，取得価額をそのまま期末に引き継ぎます。ただし，券面額より低い価額で債券を取得した場合，または高い価額で取得した場合，券面との差額を金利とみなし，償還期限まで毎期償却します。

子会社および関連会社株式　affiliate securities

子会社または関連会社の株式です。取得価額をそのまま期末に使います。

その他有価証券　other securities

上記のいずれにも該当しない有価証券です。長期的な価格の変動を利用して利益を得る目的の株式や，取引先等の業務上の関係から長期保有する有価証券等が含まれます。

有価証券の会計処理まとめ

		貸借対照表価額	評価差額の処理
売買目的の有価証券 Securities for sale		時価 Market value	営業外損益 Non-operating income or loss
満期保有の債券 Held-to-maturity securities		取得原価 Cost	なし （償却原価法による差額は営業外損益）
子会社および関連会社株式 Affiliate securities		取得原価 Cost	なし
その他 有価証券 Other securities	市場価格あり	時価 Market value	純資産の部 In the net assets
	市場価格なし	取得原価 Cost	なし （償却原価法による差額は営業外損益）

棚卸資産　Inventories

　棚卸資産は，主に販売を目的として仕入れた商品や，製造して販売中の製品，または製造過程にあるものなどで，会社が保有している資産です。販売することで収益につながる資産といえます。これらは貸借対照表の流動資産に計上されます。

　製造業者（manufacturers）の棚卸資産は，製品（products），完成品（finished goods）のほか，原材料（raw materials），および，製造中の仕掛品（work in process），半製品（semi-finished products）などが含まれます。卸売業者や小売業者の棚卸資産は，仕入れた商品（purchased goods, merchandise）などです。

　不動産販売業者の場合は，売出中または売出前に保有している土地（land），戸建ての家（detached houses），ビル（buildings），マンション（condominiums）などの売買目的の不動産（real estate for sale）が棚卸資産となります。また，証券会社では販売目的の有価証券（securities for sale）が棚卸資産となります。サービス業の場合は，棚卸資産は持たないということもあります。棚卸資産には有形と無形があり，最近ではIT関連企業の増加に伴いソフトウェアなどの無形の棚卸資産も増えてきています。

Freight-in is a cost paid for the transportation of goods when received from the supplier, and should be part of the cost of merchandise, where as freight-out is a cost paid for the transportation of goods when shipped to a customer, and should be charged as an expense as it is incurred.

　商品の仕入に係る運搬費（freight-in）は，商品の原価の一部とみなしますが，商品の販売に係る運搬費（freight-out）は費用（販売費）となります。

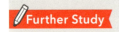

棚卸資産の評価
inventory valuation

棚卸資産の評価方法にはいろいろありますが，大別すると原価法（cost method）と低価法（lower of cost or market method）に分かれます。原価法とは実際の原価，すなわちその資産の取得に要した原価を使う方法です。また，低価法とは cost or market, whichever is lower method ともいうように，原価と時価を比較してどちらか低いほうで評価する方法です。

2008年度より，会計上，棚卸資産は取得原価（acquisition cost）をもって貸借対照表価額とし，期末における正味売却価額（net realizable value）が取得原価よりも低い場合には，正味売却価額（net realizable value）をもって貸借対照表価額とすることになりました。取得原価と正味売却価額との差額は，営業外費用（non-operating expenses）または特別損失（extraordinary loss）として損益計算書に計上します（この場合，含み損を残さないので低価法の考え方とほぼ同じと考えてよい）。この会計処理は，収益性の低下を早期に認識し損失を先送りしないという国際会計基準に準ずるものです。

税法上では，原価法と低価法のいずれかを選択できます。低価法では時価が原価を下回るとき，帳簿上の原価は時価まで引き下げられることになり，差額は評価損として損益計算書に計上します。もし時価が原価を上回った場合は原価のままです。原価のままとなるのが時価会計と異なるところといえます。

＜時価とは＞
時価は，市場で取引される公正価額（fair market value）です。棚卸資産の時価には，評価時点での正味売却価額（net realizable value），それが入手できない場合は再調達コスト（current replacement cost）を使うのが一般的です。

正味売却価額，正味実現価額　net realizable value
通常の営業において，売却により実現されることが予測される正味の金額。この金額で売れると予測できる金額から必要経費を差し引いた額です。売り手

の立場から見た時価といえます。時価を使う場合はおおむねこの価額を用います。

再調達コスト　current replacement cost

同じ商品を再調達する場合にかかるコストの総額をいいます。購入に付随する費用も加算します。買い手の立場から見た時価です。

＜原価とは＞

原価，取得原価　acquisition cost

購入代価または製造原価に引取費用等の付随費用を加算して取得原価とし，それを用いて棚卸資産を評価しますが，その求め方にはいくつか方法があります。事業の種類，棚卸資産の種類および性質を考慮して評価方法を選択し，継続して使わなければなりません。

＜原価の算出方法＞

個別法　individual identification method（specific identification method）

商品の1つひとつをとらえて原価で評価します。価格の高い貴金属，土地などはこの方法が適しているといえます。

先入先出法　FIFO（First-in, First-out）method

先に入れたものを先に取り出す，つまり仕入れた順に販売していくという考え方で，期末の在庫は，期末近くに仕入れた商品からなります。実際の商品の流れと同じ流れで在庫をとらえることができますが，インフレ時には利益が出やすく，デフレ時には利益が縮小します。

平均法　average method

個別の仕入の単価を無視して，保有する商品の平均単価を求める方法です。

加重平均法　weighted-average method

一期間の仕入数量と仕入金額から加重平均単価を求めて在庫を計算します。売上原価も加重平均単価を使います。

移動平均法　moving-average method

先の加重平均法と類似していますが，仕入の都度，仕入前あるいは月初の数量，残高と仕入数量，金額によって得た平均単価により棚卸資産の評価をします。

売価還元法，小売棚卸法　retail inventory method

一定期間終了後，その期間における販売原価と売価の総額から原価率を計算し，売価で把握した期末棚卸資産高にこの原価率を乗じることによって期末棚卸資産の評価を行います。そして期首の棚卸資産の簿価と当期仕入額の合計との差額を当期の売上原価とする方法です。

後入先出法　LIFO（Last-in, First-out）method

最後に入れたものを最初に取り出す，つまり仕入れた最新の商品から販売していくと仮定するものです。実際の資産の流れと一致しませんが，インフレ時に利益が出やすくなることもありません。この評価方法は，国際的な会計基準の流れに照らし合わせ，2010年度以降は適用することができません。

例 棚卸資産の原価

T社の1月の商品の仕入と払出は以下の表のとおりです。

移動平均法を用いて1月31日の在庫の残高を求めてみましょう。

	仕入数量	単価(円)	払出数量	残数量
1月1日		1,000		3,200
1月15日			1,600	1,600
1月22日	4,800	1,100		6,400
1月31日			1,000	5,400

1/ 1の残高	3,200×1,000＝3,200,000
1/15の在庫の残高	(3,200－1,600)×1,000＝1,600,000
1/22の仕入コスト	4,800×1,100＝5,280,000
1/22の在庫の残高	1,600,000＋5,280,000＝6,880,000
1/22の在庫の単価	6,880,000÷6,400＝1,075
1/31の払出分のコスト	1,075×1,000＝1,075,000
1/31の在庫の残高	6,880,000－1,075,000＝5,805,000

	仕入数量	単価(円)	払出数量	残数量	残単価	残高(円)
1月1日		1,000		3,200		3,200,000
1月15日			1,600	1,600	1,000	1,600,000
1月22日	4,800	1,100		6,400	1,075	6,880,000
1月31日			1,000	5,400	1,075	5,805,000

The moving average method requires that a new unit cost be computed each time goods are purchased. Therefore it must be used with perpetual records.

例 土地の評価

　不動産販売会社Ｆは事業年度中に販売目的の土地を1億円で購入しました。購入後に土地の価格は下落し，期末には9,500万円になりました。この不動産販売会社が棚卸資産の評価に原価法を採用した場合は，原価をそのまま引き継ぎますので，期末の土地の帳簿価額は，取得時と同じ1億円のままです。これに対し，低価法を採用した場合は低いほうを使いますので，期末の帳簿価額は9,500万円となり，差額の500万円は評価損として計上することになります（原価法を採用した場合でも，仮に時価が取得原価より著しく下がり（例えば50%），将来回復することが認められない場合は時価評価をして差額を評価損として計上します）。

低価法を採用した場合の仕訳

① 土地の購入時

Dr.		Cr.	
棚卸資産－売却用不動産 (Inventory-real estate for sale)	100	現金 (Bank deposit)	100

② 期末

　評価損の計上

Dr.		Cr.	
棚卸資産評価損（Revaluation loss on real estate for sale)	5	棚卸資産－売却用不動産 (Inventory-real estate for sale)	5

（単位：百万円）

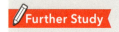

時価会計とは
market value accounting

　時価会計は，一部の金融資産を，事業年度末の時価を用いて再評価する会計手法のことをいいます。資産の価値を毎期末ごとに見直し，再評価額を貸借対照表に載せると同時に，時価と簿価の差額を評価損益として損益計算書または貸借対照表上に反映させます。これは期末時における企業の財政状態を正確に示すための会計手法といえます。わが国では1997年の導入以降，時価会計を適用する金融資産が増えました。

　時価 → 公正価格（fair value）
　簿価 → 取得原価（acquisition cost）

　時価会計の処理を行う資産は，売却目的で保有する有価証券とデリバティブ商品（スワップ，オプション等）などです。売却目的で有価証券を保有するのは利益を得ることにあるので，投資の成果を反映させるために期末時点の時価を使い，評価損益を当期の損益とするのは理にかなっています。また，デリバティブ商品についても，その目的はリスクヘッジ（risk hedge）や投機（speculation）や裁定取引（arbitrage）ですから，その効果を見るために，期末時点の相場変動による正味の債権債務を時価評価し，評価差額を当期の損益とするのはもっともといえます（リスクヘッジの取引については要件を満たせばヘッジ会計（hedge accounting）が認められ，損益を繰り延べることが可能です）。

　時価会計は mark to market accounting とも呼びます。時価評価は期末だけの処理ではありません。デリバティブ取引などを中途解約（early termination）する場合に精算額を算出したり，取引先の倒産による損害額を算出したりするときにも時価評価をします。

Mark to market (MtM) accounting refers to the accounting for the value of an asset or liability based on the current market price instead of the book value.

有形固定資産　tangible assets

　有形固定資産は，固定資産のうち形のある資産で，主に土地（land），建物（buildings），構築物（structures），機械装置（machinery and equipment），工具器具（tools），家具や備品（furniture and fixtures），建設仮勘定（construction in progress）などです。企業が製造目的または営業目的で保有している資産で，販売目的の物は含まれず，使用期間が1年以上のものです。例えば，会社が活動拠点として保有する事務所とその土地，あるいは製造業の場合は工場の土地と機械類もそうですし，販売業だと店舗などです。

　建物，構築物，機械装置等の有形固定資産は，時の経過および使用とともに劣化（deterioration）し価値が減少するため，償却資産（depreciable asset）と呼ばれ，会計上，減価償却（depreciation）を実施し，その取得原価（acquisition cost）を減額していきます。ただし，土地は劣化しないので，非償却資産（non-depreciable asset）と呼び，減価償却はありません。

　ちなみに有形固定資産の取得価額に含まれるものとは，資産の代金のほか，荷役費，運送保険料，購入手数料等の付随費用（incidental cost）です。資産の代金に付随費用を合わせた総額を資産計上（capitalize）します。ただし，租税公課（taxes and duties）など付随費用でも取得価額に含まれないものもあります。

　有形固定資産はほかに tangible fixed asset, tangible property あるいは property, plant and equipment などと書かれている場合もありますが，ほぼ同義です。

Tangible asset: equipment, machinery, plant, property or anything that has long-term physical existence or is acquired for use in the operations of the business and not for sale to customers. In the balance sheet of the business, such assets are listed under the heading 'Plant and equipment' or 'Plant, property, and equipment'. (from BusinessDictionary.com)

建設仮勘定　construction in progress

　建設中の建物や製作中の機械など，事業用の資産となるもので完成前の支出（前払金など）を仮の勘定科目すなわち建設仮勘定として有形固定資産に計上します。建物の工事は長期のものが多く，完成して引渡しが行われて初めて建物として計上されます。

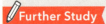

取得原価
acquisition cost

　取得原価とは，資産を購入するために要するコストであり，購入価格に付随費用（incidental cost）を加えた合計の額のことをいいます。時価（market value）に対する原価という場合は，おおむね取得原価のことを意味します。

　有形固定資産の取得原価に含まれるものは，資産の代金のほか，荷役費（freight charge），運送保険料（transport insurance premium），購入手数料（commission），資産除去債務（asset retirement obligation），消費税（consumption tax）など，その資産の購入に要した費用などです。租税公課は付随費用でも取得原価には含めることはできません。また，有形固定資産の取得に関わる利息費用（interest expense）については，会社の選択で付随費用に含めないことが認められています。取得原価の合計額は資産計上され（capitalized），固定資産の場合は減価償却されます。

Tangible の語源って？

　Tangible asset の tangible には「有形の」，「実体がある」，「触れられる」などの意味がありますが，この単語の語源は「触れる」という意味のラテン語 tangere（タンジェール）といわれています（ラテン語の tangere「触れる」＋ -ible「〜できる」＝ tangible）。同様の語源をもつ単語に，三角関数のタンジェント（tangent）がありますが，「正接」ともいうように，もともとは「接する」という意味です。ほかにも，contact や taste などの単語も同じ語源といわれています。

有形固定資産の減価償却
depreciation of tangible assets

　機械などの生産設備，すなわち有形固定資産（tangible assets）は，使用とともにまた時間の経過とともに劣化していきますが，その使用する期間，すなわち耐用年数（useful life）にわたって取得価額を減額し，費用として配分していくのが減価償却（depreciation）です。そうすることで，ある期間に生産された製品に，生産設備のコストを適切に負担させることができるのです。

　会計上の減価償却の方法（depreciation method）はいくつかありますが，企業は選択した方法を用いて計画的・規則的に減価償却を実施していかなくてはなりません。減価償却方法は会計方針（accounting policies）に該当しますので（会計の見積りではなく），もし減価償却方法を変更する場合は，遡及処理（retroactive treatment），すなわち，新たな会計方針を過去から適用していたかのような調整をしなくてはなりません。

Depreciation: the gradual conversion of the cost of a tangible capital asset or fixed asset into an operational expense (called depreciation expense) over the asset's estimated useful life.

　減価償却は，実際には税法で建物や機械などに耐用年数が決められており（法定耐用年数），また償却方法についても定めがありますので，多くの企業は会計上の減価償却方法と税法上の減価償却方法を一致させるのが一般的です。また以前使われていた有形固定資産の残存価額（residual value, salvage value）は，税法上廃止されました。

減価償却方法の例
定額法　straight-line method
　取得価額を耐用年数（useful life）の期間にわたって毎期同額で償却します。代表的な償却方法です。

定率法　accelerated method

　耐用年数の期間，取得価額にある一定の率を乗じて減価償却費を求める方法です。一定の率を乗じて償却額を計算すると年々償却額が大きくなるため，加速償却法とも呼びます。

①　declining-balance method　定率法

　耐用年数の期間，ある一定の率で償却します（fixed percentage of declining-balance method）。

②　double declining-balance method　倍額定率法

　①の 2 倍の率を使って償却します

級数法　sum of the years' digits method

　耐用年数の期間にわたってその償却費を算術級数的に逓減する方法です。定率法の簡便法として用いられます。

生産高比例法　output

　固定資産を使って生み出す生産高に応じて減価償却費を計算する方法です。予想される総生産高を決め，その期の生産高の割合に応じて，固定資産も償却していく方法です。

臨時償却

臨時償却　extraordinary depreciation

　減価償却において当初予測できなかった機能的な理由や新技術の発明などの事情のために固定資産の価値が著しく低下した場合には，臨時償却を行う場合があります。その場合，臨時償却費は特別損失に計上されます。

例 仕訳をしてみましょう。

　R 社は2015年の 1 月 1 日に輸送車両 1 台を現金で購入しました。輸送車両の取得価額は6,000万円，耐用年数は 4 年，定額法で減価償却するものとします。

2015/1　取得時の仕訳

Dr.		Cr.	
運搬具 (Transportation equipment)	60	現金 (Cash)	60

2015/12　期末の仕訳

　6,000万円÷4＝1,500万円で毎期の減価償却費は1,500万円

Dr.		Cr.	
減価償却費		減価償却費累計額	
(Depreciation expense)	15	(Accumulated depreciation)	15

（単位：百万円）

2016/12，2017/12，2018/12 の減価償却費の仕訳は上記と同じです。

無形固定資産　intangible assets

　無形固定資産とは，固定資産のうち，形をもたず目に見えない資産のことです。無形固定資産には，特許権（patent），著作権（copyright），商標権（trademark），借地権（lease right），営業権，のれん（goodwill），ソフトウェア（software）などがあります。有形固定資産同様，複数年にわたって減価償却しますが，無形固定資産は定額法で均等償却するのが一般的です。無形固定資産の減価償却は depreciation ではなく amortization です。

Intangible asset: A reputation, name recognition, and intellectual property such as knowledge and know how. Intangible assets are the long-term resources of an entity, but have no physical existence. They derive their value from intellectual or legal rights, and from the value they add to the other assets. (from BusinessDictionary.com)

無形固定資産の種類

特許権　patent

　新規の発明をした者に与えられる独占権で，知的財産権（intellectual property）の１つです。特許権を得るためには特許庁に対して特許出願を行い，審査を経なければなりません。

著作権　copyright

　知的活動から生まれた文芸，学術，美術，音楽について，創作者が独占的に使用する権利で，これも知的財産権の１つです。

商標権　trademark

　自社の商品と他社の商品とを区別するための文字，図形，記号，色彩などの結合体を独占的に使用できる権利で，特許庁に出願し登録します。知的財産権の１つです。

借地権　lease right

　第三者の所有する土地を借り，その土地に自己所有の建物を建てる際，その土地を借りる権利のことです（借地権には減価償却はありません）。

ソフトウェア　software

　自社開発のソフトや購入したソフトなどです。

のれん　goodwill

　企業の買収または合併時の，買収された企業の時価評価純資産と買収価額との差額のことです。買収価額が買収された企業の純資産を上回る場合，差額はのれんという無形固定資産として計上されます。実際には買収された企業の超過収益力，経営資源と解釈されます。のれんはその効用の期間にわたって均等償却をするのが一般的です。

Goodwill is the assumed value of the attractive force that generates sales revenue in a business, and adds value to its assets. Goodwill is an intangible but saleable asset, almost indestructible except by indiscretion. (from BusinessDictionary.com)

鉱業権　mining right

　石油，天然ガス，金属鉱物など地下に存在する鉱物を採掘し取得する権利です。経済産業局長の許可を受け登録します。

漁業権　fishery right

　一定の水面において排他的に漁業を営む権利です。都道府県知事の免許により設定されます。

その他の資産　other assets

前渡金　advance paid

　前渡金（まえわたしきん，ぜんときん）は，納品前や作業前にその代金の一部として支払うもので，商品等が納品され支払額が確定するまでの間，資産として表示される勘定科目です。前もって一時的に支払う手付金や内金を処理するときにもこの勘定科目を使います。前払金（まえばらいきん）とする場合もあります。前渡金は１年を超えることがないため，流動資産に計上します。

例 仕訳をしてみましょう。

①　５月５日，100万円分の商品を発注し，その内金として10万円を支払いました。

Dr.		Cr.	
前渡金（Advance paid）	100	現金（Cash）	100

②　６月30日，商品が引き渡され，残金90万円を現金で支払いました。

Dr.		Cr.	
商品（Goods）	1,000	前渡金（Advance paid）	100
		現金（Cash）	900

（単位：千円）

貸付金　loans

　企業が，取引先，関連会社あるいは役員や従業員に貸付をしている場合があります。

　その際，短期の貸付（返済期日が１年以内）（short-term loan）の場合は流動資産，１年を超える長期の貸付（long-term loan）の場合は固定資産に計上します。もし一般の企業がグループ会社ではなく他の企業に貸付をしている場合は，その企業との取引上の関係が強い場合や財政的な支援の場合があります（関係会社貸付金　loans to affiliates，役員貸付金　loans to directors，従業員貸付金　loans to employees　等）。

　前述とは異なり，貸付を主な事業の１つとしている会社（リース，オートローン，クレジットカード，消費者金融などを営む会社）の場合は，通常その

貸付期間にかかわらず（例えば5年のローンでも），営業貸付金（operational loans）として流動資産に計上します。それは製造業，卸売業，小売業の売掛金と同様に営業債権であり，営業循環基準に沿った会計処理です。

経過勘定科目　deferred and accrued accounts

　期間配分を適正に行うための項目で，費用収益対応の原則に基づき，実際の現金収支のタイミングとは関係なく，効果のある期間にわたり期間配分するための勘定のことです。現金の収支の後費用や収益を繰り越して計上する経過勘定には，前払費用と前受収益があり，費用や収益の発生を見越して計上する経過勘定には，未払費用と未収収益があります。期末に計上した場合は翌期首に振戻仕訳を行います。

＜資産計上する経過勘定科目＞

1)　未収収益　accrued revenues

　賃貸料（office rent）や受取利息（interest）などのように，現金の受取はまだでも，時の経過とともに収益が発生し，その債権を回収できる可能性が高いものがあります。その場合，発生した収益を未収収益として資産計上します。また，一定の契約に従って継続して役務の提供を行う場合なども，すでに提供した役務についてまだ対価の支払を受けていないが，時の経過とともに収益が発生する場合なども未収収益として認識します。

例 仕訳をしてみましょう。

①　子会社貸付に関わる受取利息の未収分の6,000万円を，期末に未収利息として計上しました。

Dr.		Cr.	
未収利息（Accrued interest）	60	受取利息（Interest income）	60

②　期末に計上した未収利息を翌期初に振り戻しました。

Dr.		Cr.	
受取利息（Interest income）	60	未収利息（Accrued income）	60

③　その後，子会社より8,000万円の利息が支払われました。

Dr.		Cr.	
銀行預金（Bank deposit）	80	受取利息（Interest income）	80

（単位：百万円）

2) 前払費用　prepaid expense

　賃貸料（office rent）や支払利息（interest）または保険料などの費用を前払したときに使う勘定科目です。未収収益とは逆のケースで，支払は済ませたが，まだそれを費用として認識するときが来ていないため，費用として計上できないものです（paid but not accrued）。時の経過とともに実際の費用として認識されますが，それまでは資産として計上されます（ただし，実務においてはこの限りではありません）。

例 仕訳をしてみましょう。

① A社は期首に契約期間が3年の損害保険に加入し，3年分の保険料1,500万円を支払いました。

Dr.		Cr.	
保険料（Insurance cost）	15	銀行預金（Bank deposit）	15

② 期末に，時期以降に受けるサービスの対価を認識します。

Dr.		Cr.	
前払費用（Prepaid expense）	10	保険料（Insurance cost）	10

（単位：百万円）

子会社株式　affiliate securities

　親会社の子会社への投資額です。連結貸借対照表では，親会社の子会社株式と子会社の純資産の部とが相殺されるため，この科目はありません。

繰延資産　deferred assets

　繰延資産とは，ある支出の効果が将来に及ぶために，効用の及ぶ期間に配分する目的で資産に計上する費用です。繰延資産は，通常複数年で均等に償却し，毎期費用計上します。繰延費用（deferred charges, deferred expenses）とも呼ばれます。

　会計上の繰延資産には，創立費（organization expense），開業費（business commencement expense），社債発行費（bond issue expense），新株発行費（stock issue expense）などがあげられます。流動資産でも固定資産でもなく，その他の資産に含めて計上する場合が多いです。

109

Deferred charge: cost that is accounted for in the future (and not in the accounting period in which it is incurred) because of its anticipated future benefit, or to comply with the requirement of matching costs with revenues. (from BusinessDictionary.com)

無形固定資産の評価は？

　無形固定資産の種類については触れましたが，そもそも無形固定資産の評価はどのようにするのでしょうか。評価額がわからないことには計上できませんね。特許権や著作権などの知的財産権（intellectual property）は，場合によっては将来膨大な価値を生み出す可能性がありますが，会計的にわかりやすいものではありません。

　知的財産権の評価は，実は企業価値の求め方と同じ方法で評価できると考えられます。

① コストアプローチ　⇨　取得に要したコストで評価
② インカムアプローチ　⇨　将来のキャッシュ・フローの割引現在価値で評価（DCF法）
③ マーケットアプローチ　⇨　市場における評価に基づいて評価

　日本の財務会計においては，「無形固定資産は取得のために支出した金額から減価償却累計額を控除した価額をもって貸借対照表価額とする」となっていますので，取得原価を計上して減価償却（均等償却）するということになります。無形の財産が活動の中心という知的集約型の企業も増加していますが，会計が追いついていないということなのでしょう。

＜負債の部＞

買掛金　accounts payable
支払手形　notes payable

　商品や原材料などを掛けによって購入（purchase on credit）した場合，買掛金（payable）が発生し，将来代金を支払う義務（債務）が生じたことを意味します。企業の主たる営業取引の一環として生じる勘定科目で，trade account payable ともいいます。モノではなくサービスの提供を受けた場合にも使います。

Accounts payable is the aggregate amount of an entity's short-term obligations to pay suppliers for products and services which the entity purchased on credit.

　決済手段として約束手形（promissory notes）を振り出した場合は，支払手形（notes payable, N/P）を計上しますが，手形に書いた期日までに必ず資金を銀行に用意する必要があります。もし資金が用意されない場合には，手形を受け取った企業は換金できず，不渡手形（dishonored bill）となってしまいます。

　また，買掛金等の債務の支払のために，自社が手形を振り出すのではなく，他社から受け取った手形を裏書（endorsement）して譲渡する場合があります。その場合，手形の裏書人（endorser）は，もし手形の振出人（drawer）がのちに決済不能となった場合，手形の支払義務が生じることになります。

111

例 仕訳をしてみましょう。

① 2015年4月1日，A社はB社から商品を2,000万円で掛買いしました。
A社の仕訳

Dr.		Cr.	
棚卸資産（Inventory）	20	買掛金（A/P）	20

② 2015年5月31日，A社はB社へ商品の代金200万円の振込をしました。

Dr.		Cr.	
買掛金（A/P）	2	銀行預金（Bank deposit）	2

（単位：百万円）

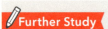

約束手形
promissory notes

　約束手形は，ある期日（at a certain date）にある金額（for a certain amount）を商品の代金などとして支払うことを約束して振り出します。手形の振出人（drawer）は銀行に当座預金の口座（current account）を開設している場合，その銀行から手形の用紙をもらい，そこに金額と支払期日を書いて，取引先などに渡すことができます。手形の受取人（drawee）は，手形に記載されている期日またはその後に銀行へ行き，記載された金額を受け取ることができます。

　小切手（checks）もまた，銀行に当座預金を開設している場合，その銀行の小切手用紙に金額を書いて相手に渡します。手形と小切手の違いは，小切手は受取直後に支払い銀行で現金化できるのに対し，手形は，記載されている期日の後でなければ現金化できないことです。手形を振り出す側も，その時点で口座に十分な預金がなくても期日までに用意ができれば良しということになります。

引当金　allowance

　引当金は，将来の出費や損失に対して，事前に積み立てておくお金のことです。

　例えば，売掛金の貸倒れや賞与などの費用は，それが発生する（売上の発生，勤労の提供）時点とその金額が確定する（貸倒れ，賞与の支給）時点に，時間のズレが生じることがあります。そこで前もって引当金を引き当てておくことで，大きな損失や費用を配分し，収益と費用を対応させることができるのです。**引当金は，貸倒引当金を除いてすべて負債に計上します。**

返品損失引当金　allowance for loss on sales returns

　製品を売った後で，製品を返品したいと申し出があった場合，買手からの返品を受け入れ，その際に発生する費用を推定して引き当てておくものです。

投資損失引当金　allowance for loss on investment

　子会社株式等の実質価額がある程度低下している場合や，子会社株式等の実質価額が著しく低下しているが回復可能性が見込まれるために減損処理を行わなかった場合において，健全性の観点から計上される引当金のことです。

製品保証引当金　allowance for product warranty

　製品を売った後で，製品に瑕疵（defect）があった場合，買手から手直しあるいは交換を求められることがありますが，それにかかる費用を推定して引き当てておくものです。Warranty とは瑕疵担保責任のことで，欠陥を修復する責任です。

賞与引当金　allowance for bonuses

　夏季と冬季に支給される従業員の賞与について，支給の可能性が高く，合理的に見積もることができる場合，賞与引当金の計上をします。

訴訟損失引当金　allowance for loss on litigation

　訴訟などで損害賠償を求められている場合，判決が出る前に敗訴の可能性が高いと考えられる場合に計上する引当金です。

113

貸倒引当金　allowance for doubtful accounts（debt）/allowance for uncollectible accounts（debt）

　売掛金などの営業債権が，将来回収不能となった場合の損失に備えて引き当てておくものです。貸倒引当金は評価性引当金（valuation allowance）といわれ，貸借対照表上で資産を控除する形で表示します。

＜貸借対照表上の貸倒引当金の例＞

Accounts receivable（売掛金）	5,500
－Allowance for doubtful accounts（貸倒引当金）	－200

Allowance for doubtful accounts is a contra current asset account associated with accounts receivable.

銀行取引停止処分　Suspension of banking transactions

　手形を振り出した会社が，資金不足のため支払期日に銀行の当座預金口座に支払額を用意できなかった場合，その手形は「不渡り」となりますが，その後6か月以内に2度目の不渡りを起こすと，期限の利益，すなわち期限の到来まで債務を履行しなくてよいという債務者の利益を失い（acceleration），借入等の取引は一括返済を求められ，当座預金口座（current account）は2年間使えなくなります。これを銀行取引停止処分と呼びます。

　銀行取引停止処分と聞くとすべての銀行取引ができなくなり，会社が倒産したと考えがちですが，決してそうではありません。普通口座はこれまでどおり使えますし，営業ができなくなるということではありません。ただし2回目の不渡りをきっかけに，会社の資金繰りの悪さが露呈され，取引がスムーズにできなくなり，その結果，倒産に追い込まれるというケースはよくあるようです。

公社債　bond

　公社債は企業や政府などが発行する債券です。投資家から長期の資金を直接調達する手段の１つです。社債（corporate bond）は，購入者をどのように募集するかによって，「公募債」（public placement bond）と「私募債」（private placement bond）に分かれます。公募債は大企業などが不特定多数に募集しますが，私募債は少数特定の投資家に発行し，専門知識を持つ適格機関投資家（金融機関等）を対象に発行する「プロ私募債」と，適格機関投資家を対象とせず特定の少人数を対象にする「少人数私募債」とに分かれます。また，担保が付いているか否かによって担保付社債（secured bond）と無担保社債（unsecured bond）に分かれます。

　社債の発行条件（発行総額，利率，利払日，償還期限など）は，引受証券会社（underwriter）と社債を発行する企業，すなわち発行体（issuer）との話し合いや査定によって決定します。引受証券会社は，社債の発行に際し発行額のすべてをいったん引き受ける（買い取る）かまたは売れ残った分を買い取ることになるので，発行体の倒産リスクを負うだけの財務力が必要です。そのため，引受を行う証券会社は一定の資本要件を満たさなくてはなりません。

　公募債を引き受ける証券会社が，社債の最終的な発行条件が確定しない段階で，条件付きで格付会社（rating agencies）から格付の取得をする場合がありますが，それを「予備格付」（preliminary rating）といいます。これは社債を買う投資家に対して商品の情報やリスクを事前に提供するためのものです。

　社債は有価証券ですので，公募の場合は株式の上場と同様，金融商品取引法の規制を受けます。社債を発行する企業は，有価証券届出書の提出・目論見書の交付を行い，その後は有価証券報告書を提出しなければなりません。

　社債はその仕組みによって３種類に分類されます。

普通社債　straight bond（SB）
　一般的な社債で，企業が設備購入資金または運転資金を調達するために発行

する債券です。満期まで一定の期間ごとに利払があります。利率は発行する企業の信用リスクや発行時の市場の金利動向などによりますが，原則として信用度の高い企業は利率が低く，信用度の低い企業は利率が高くなります。

転換社債型新株予約権付社債，転換社債　convertible bond（CB）

　発行時に決められた転換価格で株式に転換することのできる社債です。普通社債にはない株式への転換権がついている分，普通社債よりも利息は低く設定されています。また，転換しなければ，普通社債と同様に一定の利払があり，満期日には額面金額が償還されることになります。

新株予約権付社債，ワラント債　warrant bond/bond with warrant right（WB）

　普通社債と異なり，社債部分のほかに，その社債を発行した会社の株式を一定価格で買い取る権利，すなわち新株予約権がついている社債です。行使期間内に権利を行使して株式を購入するには新たに資金が必要となりますが，社債の部分はそのまま手許に残ります。

　社債を発行すると，貸借対照表の固定負債に社債（bond, bond payable）として計上しますが，償還日まで1年を切った社債は，銀行借入と同様，1年以内に期日の到来する長期負債（current maturities of long-term debt）として流動負債に切り替えて計上します。

116

銀行借入金　bank debt

　企業は，設立時の株式発行などによって得た資金を使って事業を始めますが，それだけでは資金が足りない場合，銀行などの金融機関から資金調達を行います。調達した資金は，日々の運転資金（working fund, working capital）に充てることが多く，また，事業拡大のための製造設備の購入（acquisition of manufacturing equipment）に使う場合もあります。社債を発行して資金調達している会社が，社債の償還（redemption of bond）のために資金を求めて銀行借入をするケースもあります（refinance）。

　銀行は，融資に際して顧客の審査（credit assessment）を行います。借手となる企業の決算書や財務諸表などの財務情報をもとに，資金のニーズ，財務内容，返済能力を査定し，その信用力に応じて融資限度額（credit line）および貸付期間（tenor）を設定します。返済能力が十分あると判断された場合には，無担保で融資を受けることも可能ですが，返済能力に問題があると判断された場合には，不動産や有価証券などの担保（collateral, security）を取ることで，信用力の補完（credit enhancement）を行います。また，より信用力の高い親会社の保証（parent guarantee）を取ることもあります。

短期借入金　short-term (bank) debt

　銀行などの金融機関，または関係会社や特定の人からの借入金で，借入期間が1年以内のもので，流動負債に計上されます。短期の借入は約束手形（promissory notes）を差し入れるのが一般的です。当座口座（current account）を使った当座借越（overdraft, O/D）も短期借入金に含まれます。短期の借入は主に運転資金やつなぎ資金（refinance）に使われることが多いでしょう。

1年以内返済の長期借入金　current maturities of long-term (bank) debt

　銀行などの金融機関または関係会社や特定の人からの借入金で，借入期間は1年を超えるが返済期日が1年以内に到来するもので，貸借対照表上の流動負債に計上します。

長期借入金 long-term (bank) debt

　銀行などの金融機関または関係会社や特定の人からの借入金で，借入期間が1年を超えるもので，貸借対照表上の固定負債に計上されます。長期の場合は，証書（loan agreement）を交わして借入をするのが一般的です。長期の借入は設備の購入などに使用します。

格　付
rating

　格付は，主に信用リスクを判断するための指標で，企業や政府などの信用リスクの安全度を評価するものです。主に企業や政府の発行する債券（bonds），コマーシャル・ペーパー（commercial paper）やその他の金融商品（financial instruments）について，元本と金利が予定どおり支払われない債務不履行の確率（probability of default）を分析し，金融商品または発行体に対してアルファベットの記号（AAA, Aaa, B, Ba など）を用いて格付を行います。格付の主たる目的は，投資家が投資の判断を下す際または新規の取引を始める際に参考となる客観的な情報を提供することにあります。

　国際的な格付機関（credit rating agencies, rating agencies）には，ムーディーズ（Moody's），スタンダードアンドプアーズ（Standard & Poor's, S&P），フィッチレーティング（Fitch Rating）がありますが，それぞれ信用リスクを独自の手法で判断し発表しています。また，日本の格付機関には，日本格付研究所（JCR）と格付投資情報センター（R&I）等があります。

　また，プロローグでも触れましたが，大手の金融機関や商社などでは社内格付け（internal rating）といって，会社独自の方法（methodology）を反映させたシステムも構築して取引の相手先のリスクを評価しています。

有利子負債
interest-bearing debt

　有利子負債は，企業の負債の中で，利息を付けて返済しなければならない負債のことです。金融機関などからの借入金（bank debt）や，金融市場から直接資金調達した社債（bonds），転換社債（convertible bonds），コマーシャル・ペーパー（commercial paper）などが含まれます。利息の付かない買掛金，支払手形，未払金などは有利子負債には含まれません。

　有利子負債は，企業の健全性を測る指標の1つとなります。この残高が多いほど金利負担が大きくなり，利益が圧迫されて内部留保ができず，その結果自己資本を厚くすることができなくなり，さらに有利子負債を増やすという悪循環が起こることになります。

　財務分析では，有利子負債の残高を返済の来る年ごとに分け，毎年の営業キャッシュ・フローで有利子負債の返済は可能かどうか，毎年の営業利益で金利負担はできるか，また，有利子負債の残高が資産全体に占める割合や，自己資本に対する倍率などを算出することによって，企業の財務の健全性と安定性を判断します。

$$有利子負債比率 = \frac{有利子負債}{自己資本} \times 100 (\%)$$

　有利子負債比率は自己資本に対する有利子負債の大きさを示す指標ですが，この比率が低いほど企業の安定度は高いということがいえます。

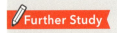

銀行取引
banking transactions

銀行取引約定書　General Agreement for Banking Transactions

企業が銀行から融資を受ける際に，銀行と必ず締結しなければならない契約書です。貸手である銀行と，借手である債務者双方の利益や権利・義務などについて記載しています。実際の融資契約の前段階の包括的かつ基本的な合意書です。

証書貸付　loan on deed/term loan

証書貸付は，期間が1年以上で，通常は3年から5年の中長期の貸付です。金額（amount），金利（interest rate），期間（tenor），返済（repayment），担保（collateral）などの条件を定めて借手（borrower）と貸手（lender）との間で金銭消費貸借契約書（loan agreement）を交わします。返済方法には一括返済（lump-sum repayment, bullet payment）や分割返済（amortization, installment payment）があります。

担保　collateral, security

借入の際に提供する担保は，不動産（real estate），有価証券（securities），製造設備（manufacturing facilities）などが一般的です。実際の価値を低く評価する，いわゆる「掛け目」を掛けて担保を評価しますので，実際の借入額よりも高い価値の担保を差し出すことになります。例えば，1億円の借入を申請した場合，担保の掛け目が0.7とすると，1÷0.7＝1.429となり，1億4,290万円以上の時価評価額の担保が必要ということです。担保を差し出した場合には，担保に供する資産（pledged assets）として財務諸表の注記で開示をします。

コミットメントライン，特定融資枠契約　committed line (facility)

急に資金が必要になった場合に直ちに借入ができるよう，前もって銀行に設定しておく借入枠のことです。実際の借入をしなくても，枠を設定しておくだけで手数料（commitment fee や facility fee）を支払う必要があります。実際に借り入れる目的でコミットメントラインを設定する場合もあります。

シンジケートローン，協調融資　syndicated loan

　大型の資金需要に対して，複数の銀行が集まって，１つの融資契約に基づいて融資を行う形態です。幹事銀行（arranger）が，複数の銀行を募ってシンジケート団を組成します。また，参加行の中で資金の授受や事務処理などを引き受ける銀行はエージェント（agent）と呼ばれます。世界各国の数十もの銀行が参加して国際的なプロジェクトに融資するのが典型的ですが，タームローンやコミットメントラインについてもシンジケート方式があります。

A syndicated loan is a loan offered by a group of lenders who work together to provide funds to a single borrower.（from Investpedia）

外国為替取引　foreign exchange transactions

　海外への送金や，為替予約，輸出入に関するサービスです。信用状（letter of credit, L/C）の発行や確認，資金決済など海外の企業と取引のある企業を支援するサービスです。

例 仕訳をしてみましょう。

　小売業者Ｒは12月１日に，期間は１年，年利は２％，利息は３か月ごとに後払する条件で６億円を借り入れました。借入時と決算日（12月31日）の仕訳はどうなるでしょうか。

12/1　借入により６億円入金されたときの仕訳

Dr.		Cr.	
銀行預金（Bank deposit）	600	短期借入金(Short-term bank debt)	600

12/31　決算時の仕訳

利息は後払で決算日には未払ですが，１か月分の経過利息を費用計上します。

$$600,000,000 \times 0.02 \times 1/12 = 1,000,000$$

Dr.		Cr.	
支払利息（Interest expense）	1	未払利息（Accrued interest）	1

（単位：百万円）

担保制限条項 Negative pledge clause

　銀行と無担保ローン契約などを行う際に，negative pledge clause（担保制限条項，担保差入禁止条項）という条項を付ける場合があります。これは債務者が後に別の債権者に対して担保を設定しないことを約束するものです。

　債務者がもし後に別のローンを組み，その際に新しい債権者に対して何か担保を供すると，最初の債権者は返済の際に不利な立場になるからです。このように negative pledge clause は無担保ローンの債権者の権利を守るための重要な手段の１つです。債務者がこの条項に違反した場合，event of default すなわち債務不履行となり，契約は解除となるか，または担保を請求することができるということを契約書で明示しておきます。Pledge は現質で，ここでは広く担保権の意味です。

その他の負債　other liabilities

預り金　deposits received

　預り金は，主に源泉所得税（withholding income tax），住民税（inhabitant tax），社会保険料（social insurance premiums）など，最終的に税務署（tax office）や日本年金機構（Japan Pension Service）などに納付するために，従業員の給与（salaries）などから会社が一時的に預かった金銭の処理に使用する勘定科目です。

　従業員に代わって，税金や社会保険料を納付するまで一時的に預かっているお金で，通常１〜２か月以内に納付は完了するので流動負債に計上されます。

例 仕訳をしてみましょう。

　ある従業員の給与（月給）の総額40万円から源泉所得税５万6,000円，住民税１万2,000円，社会保険料２万4,000円を天引きし，純額30万8,000円を従業員に現金で渡しました。

Dr.		Cr.	
給与手当 （Salary expense）	400	現金（Cash）	308
		源泉所得税預り金	
		（Deposit received-withholding income tax）	56
		住民税預り金（Deposit received-inhabitant tax）	12
		社会保険料預り金	
		（Deposit received-social insurance premium）	24

（単位：千円）

前受金　advance received

　前受金は主に商品の売買などを行ったときに，代金の一部を前もって受け取った場合に記帳する科目です。建設工事において工事が完成する前に工事の代金の一部を受け取る場合にも使われます。基本的に流動負債に計上します。

経過勘定科目　deferred and accrued accounts

先にも述べましたが，期間配分を適正に行うための勘定科目で，負債として計上するものには未払費用と前受収益があります。

＜負債計上する経過勘定科目＞

1)　未払費用　accrued expenses

賃借料（office rent），給与（salaries），借入金の利息（interest）のように，現金の支払はまだでも，時の経過とともに費用が発生する場合は，発生した費用を未払費用として認識します。一定の契約に従って継続して役務の提供を受ける場合，すでに提供された役務に対して，支払期日は来ていないが，時の経過とともに費用が発生する場合も同様です。決算時に費用を正しく認識する場合に使われます。

例　仕訳をしてみましょう。

B社は3月31日の決算時に会社負担分の法定福利費の未払2か月分（4月1日と4月30日支払予定）は38万円ありました。

3月31日（期末）

Dr.		Cr.	
法定福利費 （Legal welfare expense）	380	未払費用（法定福利費） （Accrued expense）	380

4月1日（期首）

① 未払費用の振戻をしました。

Dr.		Cr.	
未払費用 （Accrued expense）	380	法定福利費 （Legal welfare expense）	380

② 法定福利費の1か月分の支払（預金引落）がありました。

Dr.		Cr.	
法定福利費 （Legal welfare expense）	190	銀行預金 （Bank deposit）	190

（単位：千円）

法定福利費とは福利厚生に関して法律で定められている会社の負担分であり，具体的には健康保険，厚生年金，労働保険料，雇用保険料の会社負担分です。

2) 前受収益　unearned revenue

　顧客からすでに代金を受け取っていても，商品やサービスを提供していない場合があります。その場合，受け取った代金を前受収益として認識し，流動負債に計上します。収益として損益計算書には記載されませんが，商品やサービスの提供とともにまた時間の経過とともに実際の収益として認識されます。

　前受収益は一度受け取った代金を，その期の収益と認識せず収益から除外すると同時に負債に計上して，翌期以降の収益とするものです。

例 仕訳をしてみましょう。

① M社は1月4日にO社から1年間分の家賃360万円（30万円×12か月）を受け取りました（銀行口座で確認）。

Dr.		Cr.	
銀行預金（Bank deposit）	3,600	受取家賃（Rent income）	3,600

② M社の期末（3月31日）の仕訳

Dr.		Cr.	
受取家賃（Rent income）	2,700	前受家賃（Unearned rent）	2,700

（単位：千円）

＜経過勘定科目のまとめ＞

（未収収益） accrued revenue	⇨	accrued but not received
（前払費用） prepaid expense	⇨	paid but not accrued
（未払費用） accrued expense	⇨	accrued but not paid
（前受収益） unearned revenue	⇨	received but not earned

＜純資産の部とその他＞

株式　shares, stock

　株式は，株式会社が発行する証券で，会社を設立して活動する資金を集めるために発行するものであり，また，事業の拡大などで資金調達する場合にも発行します。Stock と shares は今日ではほぼ同じ意味で使われていますが，本来 stock は総株主が所有する株式の集合全体（capital of a company）で，share は均等に分割された株の単位（unit of ownership representing an equal portion of a company's capital）というニュアンスがあります。株式を保有する者は株主（shareholder, stockholder）となり，①剰余金の配当（dividend）を受ける権利，②残余財産（residual assets）の分配を受ける権利，③株主総会における議決権（voting right）を行使する権利などのいわゆる「株主権」を持つことになります。企業は定款に定めを置くことで，株主権の内容を少し変更した種類の異なる株式を発行して資金調達を円滑に行っています。

株式の種類

普通株式　common stock

　一般的な株式，標準的な株式で，株式に与えられる権利をすべて持っている株式です。日本の証券取引所で取引されている大半の株式がこれにあたります。

優先株式　preferred stock

　普通株式と異なる権利や条件の付いた株式です。企業が利益をあげ配当が可能なときに配当の優先権を持つ場合と，残余財産の分配において優先権を持つ場合，あるいはその両方について優先権を持つ場合とがあります。その一方で，議決権については制限されるのが一般的です。

　配当については，「参加型」という所定の優先株主配当以外に普通株主配当を受けられるものと，「非参加型」という所定の優先株主配当しか受けられないものとがあります。また，ある事業年度に優先株主に対して支払うべき株主配当の金額が優先株主配当金の額に達しない場合，その不足分が次期以降の剰

126

余金から次期以降の優先株主配当金とあわせて支払われる「累積型」と，その不足分が次期以降には繰り越さない「非累積型」とがあります。

劣後株式　subordinated stock

普通株式よりも配当や残余財産分配権などが制限されている株式のことです。投資家にとって，普通株よりも不利な株式で，既存株主の利益を損なわずに資金調達する際に発行されます。

配当とその種類

配当　dividend

企業の利益の一部を分配してもらえるお金のことです。所有する株式数に応じて無償で与えられる報酬です。株式以外においても分配の際に使われる言葉です。

株式配当　stock dividend

利益の分配がお金ではなく株式のことです。

中間配当　interim dividend

配当は，通常1事業年度の利益から分配されますが，中間期（上半期）の利益に対して配当をする場合があります。

特別配当　special dividend

企業の業績が好調のときに，通常の配当に加えられる一時的で特別な配当のことです。

記念配当　commemorative dividend

創立（例えば創立50周年）や上場を記念して分配される配当です。

127

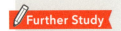

その他株式に関連した用語

授権資本　authorized shares
　認められた株式の発行限度数のことです。会社は発行を予定する株式総数の枠を定款で定めておき，一部は会社の設立に際して発行しますが，残りは会社設立後必要に応じて取締役会の決議により発行します。

発行済株式　shares outstanding
　すでに発行された株式で，number of shares outstanding は発行済株式数です。自己株式の分は除きますので，正確には外部発行済株式のことです。

株券　stock certificate
　株式の所有を証明する有価証券。現在は電子化していて紙の証書はありません。

額面株式　par-value share
　株券に額面金額の付いている株式です。わが国では2001年の商法改正で額面株式は廃止されました。現在は企業で発行されるすべての株式は無額面株式となっています（以前は例えば額面が50円の場合，会社を設立して株式を発行した際，投資家が1株当たり50円を支払い株式を購入したことを意味しました）。

増資　capital increase
　企業が新たに株式を発行して資本を増やすこと。株主を広く募る公募増資（public offering）や，特定の第三者に割り当てる第三者割当増資（issuance of new shares through third-party allocation），既存の株主に割り当てる株主割当増資があります。

株式分割　stock split
　すでに発行している株式を分割して，資本金の額を変えずに発行済株式数を増やすことです。1株を2株または3株などに分割しますが，同時に株価も下がることになります。分割した分，配当が多くなる可能性があり，また，売買しやすくなるというメリットがあります。

株主資本　stockholders' equity

　株主資本は，出資額である資本金（capital）と経済活動によって生まれた剰余金（surplus）とで成り立ち，この金額が株主の持分であることから株主資本と呼ばれます。

　会計上，株主資本は，①資本金（capital），②資本剰余金（capital surplus），③利益剰余金（retained earnings）の3つに分けられます。資本剰余金や利益剰余金は特定の用途のための準備金として区別しておくことが可能です。また，企業が自社株（treasury stock）を保有している場合は，株主資本から控除する形でこれを計上します。

株主資本の構成要素

資本金　capital/capital stock/share capital
　株式会社が株式の発行によって集める資金のことです。資本金に組み入れる金額は，株式の発行価額の発行総額を原則としていますが，**発行総額の2分の1を超えない金額を資本金に組み入れず，資本準備金とすることができます。**

資本剰余金　capital surplus
　株主から拠出された資金のうち会社が資本金に組み入れなかった部分で（発行総額のうち2分の1まで資本に組み入れないことが可能），資本準備金と資本準備金以外の資本剰余金からなります。この準備金は配当に充てることができます。

◇資本準備金　capital reserve/additional paid-in capital
　　株主から払い込まれた金額のうち，資本金に組み入れられなかった部分の金額が積み立てられたもの。またこれ以外にも，株式交換や株式移転，会社分割，合併による差益も資本準備金に積み立てられます。
◇資本準備金以外の資本剰余金，その他資本剰余金　other capital surplus
　　減資差益（gains on capital reduction）および合併差益（gain on merger）などがこれになります。

129

利益剰余金　retained earnings

　会社の利益処分の結果として社内に蓄積されたお金のことです。利益準備金やその他利益剰余金（繰越利益剰余金，任意積立金など）からなります。

◇利益準備金　legal retained earnings

　　会社法で積み立てることが義務付けられているお金のことです。企業は利益を中心とする剰余金の一部を配当金として株主に還元しますが，その際，財務基盤強化に充てるため，配当金額の10分の1を積み立てなければなりません。その限度額は，資本準備金とあわせた法定準備金が資本金の4分の1に達するまでとなります。

◇その他利益剰余金　other retained earnings

　　会社が自主的に利益の一部を留保する任意積立金と，当期純利益と前期からの繰越利益の合計である繰越利益剰余金からなります。

自己株式，自社株　treasury stock

　株式会社が保有する自社の株式のことです。会社の資産ですが，株主資本のところでマイナス表示します。企業は自社株買い（repurchase of outstanding shares）をすることがありますが，これは経営政策の一環であることが多く，自社株を取得して株式を消却し発行済株式を減少させることで，1株当たり利益を増加させる効果があります。

＜純資産の構成要素＞

　時価会計を採用していない企業の個別貸借対照表では，株主資本＝純資産（資本の部）となることが多いのですが，時価会計を採用している公開会社や大企業などでは，株主資本＝純資産とはなりません。なぜなら純資産の中には株主資本のほか，「評価・換算差額等」（valuation and translation adjustments）という項目が含まれているからです。また，連結財務諸表では，株主資本のほかに，その他の包括利益累計額（accumulated other comprehensive income）と被支配株主持分（non-controlling interest）が含まれています（次頁参照）。

その他の包括利益累計額
accumulated other comprehensive income

　その他の包括利益累計額は，その他有価証券評価差額金，繰延ヘッジ損益，土地評価差額金，為替換算調整勘定などからなり，連結貸借対照表上の純資産の部に計上される項目です。

　個別貸借対照表の「評価・換算差額等」（valuation and translation adjustments）に相当する項目です。

　連結財務諸表を作成している公開会社は，2011年より「包括利益」を公表するようになり，それまで「評価・換算差額等」と表示されていた項目の呼び名が変わり，「その他の包括利益累計額」になりました。

　その他有価証券や営業目的以外の土地など，時価評価（再評価）をしても損益計算書に反映させることが適切ではない資産や負債について，直接，純資産のところで税効果後の評価差額を計上します。

Accumulated other comprehensive income is recorded as a separate line within net assets that reports the corporation's cumulative income that has not been reported as net income on the corporation's income statement.

その他の包括利益に含まれる科目

その他有価証券評価差額金　valuation difference on other securities

　その他有価証券とは，売買目的有価証券，満期保有目的の債券，子会社株式および関連会社以外の有価証券のことで，決算日の時価で再評価し，税効果後の評価差額を計上したものです。持ち合いによる株式などが含まれます。

繰延ヘッジ損益　deferred gains or losses on hedges

　ヘッジ会計を適用している際に発生する評価額のことです。デリバティブの損益を損益が確定する日まで繰り延べ，その事業年度の益金または損金に算入しないための調整を行います。この調整額が繰延ヘッジ損益です。

土地再評価差額金　revaluation reserve for land

　営業目的以外の土地を，決算日の時価で再評価し，税効果後の評価差額を計上したものです。

為替換算調整勘定　foreign currency translation adjustment

　海外子会社等の財務諸表はドル建てなどの外貨建て表示になっていますが，連結に際し円貨に直す必要があります。原則は決算時レートを使って円貨にしますが，なかには取得時レートや発生時レートを使う項目もあるので，資産と負債および純資産が一致しなくなります。そこでその差額を為替換算調整勘定で調整するということです。

退職給与に係る調整累計額　remeasurement of retirement benefit

　2013年の退職給付会計基準の改正に基づいて会計処理したときに発生する調整額です。新基準では年金の積立不足がすべて貸借対照表に計上されるようになり，負債が増加し，資産の増加を上回るため計上します。

被支配株主持分　non-controlling interest

　親会社が子会社に100％出資している場合は，子会社の資本勘定はすべて親会社に帰属することになりますが，100％出資でない場合，親会社に帰属する部分と，親会社以外の株主に帰属する部分に分かれることになり，この親会社以外の株主に帰属する部分を被支配株主持分といいます。この科目は2015年4月以前には少数株主持分（minority interest）と呼ばれていた科目です。

　連結において，親会社の投資勘定と子会社の純資産のうち，親会社持分は相殺消去しますが，親会社持分以外の部分は，被支配株主持分として連結貸借対照表上の純資産（資本の部）に表示します。

A non-controlling interest, previously called a minority interest, is the portion of equity in a subsidiary not attributable, directly or indirectly, to the parent company.

偶発債務　contingent liabilities

　貸借対照表上に計上されない偶発債務は，債務の保証のように，**将来，確定債務となり損失が発生する可能性のある債務です。** 偶発損失（loss contingencies）という場合もあります。期末には債務と確定していないが，将来会社に損失を与える可能性がある債務がある場合は，注記（notes）のところで，損失の見積金額を開示することになっています。これは保守主義（conservatism）の原則に基づいているといえます。なお，偶発債務に対して引当金を計上することはありません。

Contingent liability: hypothetical liability which depends on a possible（but unlikely）event or situation to occur before becoming an actual liability.

　偶発債務は簿外債務（off-balance-sheet debt, off-balance-sheet commitment）と呼ばれることもあります。

偶発債務の例

割引手形　discounted notes
　受取手形のうち，手形の支払期日が到来する前に銀行で換金して，割り引かれた手形のことです。換金から支払期日までの利息分が差し引かれて現金化されます。手形の振出人（drawer）が満期日に支払ができない場合に不渡りとなり，割引を依頼した銀行への支払義務が生じるため，負債となる可能性があります。

裏書譲渡手形　endorsed notes
　買掛金等の債務の支払のために，他社から受け取った手形を裏書（手形の裏面に書かれている会社が支払人となることを明記する）して譲渡する手形のことです。手形の振出人が後に決済不能となった場合，裏書人（endorser）に支払義務が生じるため，負債となる可能性があります。

保証債務　guarantees, guarantees given
　債務者（debtor）の債務の支払を債権者（creditor）に対して保証人

(guarantor) として保証することです。債務者が債務不履行（default）になった場合，債務者に代わって支払義務が生じるため，負債となる可能性があります（ただし，債務保証を業務として行っている金融機関などは，注記ではなく貸借対照表上に両建てで計上します（借方は「支払承諾見返り」で，貸方は「支払承諾」））。

係争事件に係る損害賠償義務　litigation/legal dispute

係争中の案件で，損害賠償義務が確定はしていないが賠償義務が発生する可能性が高い場合にはその賠償金額を開示をし，金額の見積もりが困難な場合はその旨を説明します。

無額面株式　No par value share

2001年の商法改正の前まで，株券には20円，50円，500円または5万円と，1株当たりの金額が書かれていました（額面株式　par value shares）。30年ほど前，まだ株にはまったく詳しくなかった私は株券に額面があるのは当たり前と思っていました。ある会社の株を購入する際，その日の株価と額面の金額は異なるものの，何らかの意味があるのだと思っていたのです。しかし，当時から株に詳しい友人は「株の額面には意味がない」と言い，株式会社の発展している米国では額面のない株式もたくさんあると，そして無額面のほうが会社にはメリットがあるのだと説明しました。

たしかに株式の価値は会社の業績や資産の状態を反映するものなので，一定の額面が付いていること自体，まったく実質的価値を示していないということはなんとなくわかりました。でもそれ以外はあまり深く理解できませんでした。その後，日本においても時価発行増資が主流となり，2001年の商法改正ですべて無額面株式になり，発行価額に関する制限もなくなり，すべての株式会社が無額面株式に統一されています。新株の発行も発行価額は時価を基準とするため資金調達がしやすく，株式分割をする場合などに手続上の手間も省けること，再発行のコストが発生しないこと等，メリットばかりのようです。

保 証
bond

ここでは保証を意味する bond について解説します。

保証業務（bonding business）は，銀行や損害保険会社などの業務の1つであり，顧客がビジネスを展開する際に，顧客の取引先等に対して履行や支払などの保証を行い，手数料を受け取ります。特に海外の建設工事や輸出入などには発注者リスクがあるため，発注者リスクを軽減するために，さまざまな保証を行っています。

<保証の例>
入札保証　bid bond
主に建設工事等の請負契約，または商品等の売買契約の入札について，入札参加者が落札した後に，請負契約または売買契約を誠実に締結することを入札申出者に保証するものです。

履行保証　performance bond
主に大型プラント輸出や海外建設工事などの入札などで，落札者が海外の発注者と輸出契約を締結した後に，その契約内容を期日に従い誠実に履行することを入札申出者に保証するものです。

留保金返還保証　retention bond
長期建設工事では，出来高ごとに留保される金額は大きくなりますが，留保金の一部解除を認められる場合もあり，その際中途解除を保証するものです。

前受金返還保証　advance payment bond
発注者が契約解除の際に，工事請負業者に支払った前払金の返還を保証します。また，輸出荷物代金を前受した輸出者が前受金の返還を求められた場合，海外輸入者に対して保証します。

支払保証　payment bond

　海外建設工事などで，建設業者が海外で商品などを購入する場合，その支払を保証するものです。

関税保証　custom bond

　輸入業者が海外から商品を購入する場合，それにかかる関税や消費税を納付しなければなりませんが，その納付を保証するものです。

　上記の保証はすべて偶発債務として財務諸表の注記（notes）に表記されます。

7 企業結合, 現在価値, 退職給付会計, リース会計など

企業結合　business combination

企業結合とは，買収（acquisition）や合併（merger）に使われる考え方です。会計における企業結合とは，ある企業の事業と他の企業の事業とが1つの報告単位に結合されることです。また，連結財務諸表（consolidated financial statements）を作成するときの概念でもあります。

A business combination occurs 1) as a result of one company purchasing the stock of another for cash or other assets, 2) when one company issues shares of its stock to shareholders of another company in exchange for the stock their own.

買収および合併に使われる会計処理

パーチェス法　purchase method

　ある企業が他の企業を買収する際，被取得企業の識別可能資産および負債（indentifiable assets and liabilities）を時価で評価し，買収金額と再評価後の純資産との差額をのれん（goodwill）として計上する方法です。買収される企業の売掛金，有形固定資産，ソフトウェア，買掛金などすべての資産と負債を時価評価しますが，通常，買収金額とはぴったりと一致することはありません（通常は，買収金額 > 買収される企業の純資産額）。その差額はのれん（goodwill）として資産に計上します。のれんは企業の持つ超過収益力ととらえることができ，無形固定資産として均等償却します。

The excess of the cost over the fair values of the underlying net assets should be recognized as goodwill and amortized.

　この会計処理は，合併においても同様に適用されます。

137

例 合併の事例

P社はT社（時価総額375億円）と合併しました。その際，株式を10万株発行。T社の資産負債の時価評価をしたところ，有形固定資産の時価は320億円でそれ以外は帳簿価格と同額でした。なお，資本金には100億円組み入れることにします。

＜合併前のP社およびT社のバランスシート＞

	P社	T社
現預金	50	40
売掛金	120	70
有形固定資産	630	290
総資産	800	400
買掛金	200	75
資本金	350	200
資本準備金	100	0
利益準備金	150	125
総負債および純資産	800	400

＜T社のバランスシート（時価評価前と時価評価後）＞

	T社 時価評価前	T社 時価評価後	
現預金	40	40	
売掛金	70	70	
有形固定資産	290	320	←上記のとおり320－290＝30（時価差額）
のれん	0	20	←差額
総資産	400	450	
買掛金	75	75	
資本金	200	100 ⎫ 375	←100億の組み入れ分
資本準備金	0	275 ⎭	←時価総額375億－100億＝275億
利益準備金	125	0	
総負債および純資産	400	450	

（単位：億円）

○時価評価後の総負債および純資産額は，買掛金75億＋時価総額375億＝450億
○のれんの金額は，総資産450億から現預金40億，売掛金70億，有形固定資産320億をひいた差額の20億

138

＜合併後の会社（Ｐ社＋Ｔ社）のバランスシート＞

	Ｐ社	Ｔ社 時価評価後	Ｐ社とＴ社の 合併後
現預金	50	40	90
売掛金	120	70	190
有形固定資産	630	320	950
のれん	0	20	20
総資産	800	450	1,250
買掛金	200	75	275
資本金	350	100	450
資本準備金	100	275	375
利益準備金	150	0	150
総負債および純資産	800	450	1,250

（単位：億円）

参考

持分プーリング法　pooling of interest method

　ある企業が他の企業と合体することを前提としています。企業結合をする2社の資産，負債，資本をそれぞれの帳簿価格で引き継ぐ方法ですが，この方法は2008年の「企業結合に関する会計基準」の改正により廃止されました。

連結　consolidation
　親会社の決算書に，支配している子会社（subsidiaries）および影響力を及ぼすことのできる関連会社（affiliates）を結合させることです。連結において親会社の子会社株式は消去されますが，資産と負債は内部取引（intercompany transactions）を除いてすべて合算されます。また，関連会社については通常，持分法（equity method）を用いて関連会社株式と利益の持分を計上します。

内部取引　intercompany transactions
　親会社と子会社，または子会社と子会社など1つのグループ内における商品や販売や役務の提供のことです。連結において，この内部取引は消去されます。Intercompany transactions are eliminated in consolidation.

例 連結の事例
　親会社と子会社（親会社が60％の議決権を持つ子会社）の連結のP/LとB/Sを作ってみましょう。なお内部取引（intercompany transaction）はないものとします。

	親会社個別 P/L	子会社個別 P/L	連結P/L
売上高	1,000	300	1,300
売上総利益	300	100	400
営業利益	200	50	250
経常利益	200	50	250
税引前利益	0	50	50
当期利益	0	30	30
被支配株主利益	—	—	12
親会社株主利益	—	—	18

（単位：億円）

○被支配株主利益は子会社の利益の40％，すなわち30億×0.4＝12億
○親会社株主利益は子会社の利益の60％，すなわち30億×0.6＝18億

親会社個別 B/S			
資産	800	負債	300
(子会社株式	60)	株主資本	500
		(当期純利益	0)

子会社個別 B/S			
資産	200	負債	70
		株主資本	130
		(当期純利益	30)

連結 B/S			
資産	940	負債	370
(子会社株式	0)	純資産	570
		(株主資本	518)
		(被支配株主持分	52)

(単位:億円)

○ 被支配株主持分は,当初被支配株主持分100億×(1−0.6)+被支配株主利益30億×(1−0.6)=52億
○ 連結 B/S 純資産は,親会社資本500億+親会社株主利益18億+被支配株主持分52億=570億

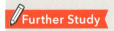

企業買収
M&A

　M&Aとは，複数の企業を1つの企業に統合（合併　merger）したり，ある企業が他の企業の株式や事業を買い取って（買収　acquisition）子会社にしたりと，企業の存続と発展のための重要な経営戦略の1つです。M&Aは短期で売上や利益の拡大が期待でき，また，多角化を図ることも可能となりますが，既存の事業との相乗効果を得ることができるかどうかは，実際にやってみなければわからないというリスクもあります。

＜M&Aの主な手法＞
合併　merger
　吸収合併（absorption-type merger）と新設合併の2種類があります。吸収合併は2つの会社（あるいはそれ以上）のうちどちらかが他方を吸収して1つの企業になることです。存続会社を surviving entity といいます。新設合併とは，合併する会社はすべて解散し同時に新会社を設立することです。

株式譲渡　stock transfer
　株式を買って（または売って）経営権を移転させることです。対外的には株主が変わるだけです。

株式交換　stock exchange
　ある会社を100％子会社にするために行われます。子会社になる会社の発行済株式の全部を他の会社に取得させることをいいます。買収される企業の株主は，所有している株式と交換に，買収する会社が発行する新株を取得できます。

事業譲渡　business transfer
　事業の一部または全部を他社に譲渡することです。

会社分割　company split
　会社が営業の全部または一部を他の会社に包括的に承継させることです。権

利義務を既存の会社に引き継がせる吸収分割（absorption-type split）と，新しく設立する会社に引き継がせる新設分割があります。

株式公開買付　take-over bid（TOB）

ある会社の株式を，一定の期間，一定の株数，一定の価格で買い付けることを知らせ，不特定多数の株主から株式を買い集めることです。友好的なもの（friendly TOB）と敵対的なもの（hostile TOB）とがあります。

TOB is an offer to buy a majority of the shares in a company so as to control it.（from InvestoGuide.com）

レバレッジド・バイアウト　leveraged buyout（LBO）

買収を計画している企業が，買収する企業の資産や将来のキャッシュ・フローを担保に資金を調達し，その資金を使って買収することです。借り入れた資金は買収された企業の負債となりますが，買収した企業の資産の売却による利益やキャッシュ・フローで返済していきます。自己資本が少なくても大型の買収が可能となります。

マネジメント・バイアウト　management buyout（MBO）

経営陣による企業の買収です。経営陣が株主から自社株式を譲り受けたり，事業部門統括者が事業譲渡したりすることで，オーナー経営者として独立することがあります。また，米国などでは敵対的買収を避けるための対抗策として自社を買収する場合もあります。

Further Study

デューデリジェンス
due diligence

デューデリジェンスとは，企業や事業を買収する際に，その企業や事業の実態を把握し，価値やリスクなどを評価することです。具体的には，資産や負債の実態把握など財務情報の査定，定款や重要な契約書の内容などの法務調査，企業組織や生産，販売や人事の調査などに大別されます。これらの実際の作業

143

は，公認会計士，弁護士，弁理士などの外部の専門家を交えて行うことになります。この調査結果をもとに，買収価格が決定，あるいは修正されることになり，場合によっては買収の意思決定が覆るということもあります。

Due diligence is the investigation of an asset, investment, or anything else to ensure that everything is as it seems. Due diligence helps a buyer or investor to make sure that there are no unexpected problems with the asset or investment and that he/she does not overpay.（from TheFreeDictionary.com-financial dictionary）

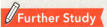

キャッシュアウト
cash out

　現金を渡して少数の株主を強制的に会社から排除する株式売渡請求制度のことで，スクイーズアウト（squeeze out）ともいいます。2015年5月施行の改正会社法により，株式会社の総株主の議決権を90％以上保有する株主，すなわち特別支配株主（special controlling shareholders）は，この株式売渡請求制度を利用して，他の全株主に株式全部を直接売り渡すよう請求する株式等売渡請求が可能となりました。

　従来の株式交換（stock exchange）や，全部取得条項付種類株式などによるキャッシュアウト制度に加えて，もう1つ選択肢が広がったことになります。この制度は会社の規模に関係なく行うことができます。

When the majority shareholders of a particular company try to eliminate the minority shareholders by buying out their stocks, the minority shareholders are offered proper compensation for the purchase of their remaining stock.

White knight さま〜！

　日本での事例はあまり多くありませんが，欧米ではTOB（takeover bid）による企業買収が盛んで，その対抗策として自社株買いやMBO（management buyout）等があります。同一の企業に対して二重三重のTOBがかけられることもまれではありません。そんなとき（白馬に乗って？）颯爽と現れるかもしれない正義の味方がホワイトナイト（白馬の騎士　white knight）です。

The White Knight is a party that appears with a more palatable offer for taking over a firm when another entity (the Black Knight) has already made a bid deemed unwelcome by the target firm's management.

　敵対的買収（Hostile TOB）を払いのけ，friendly TOBで買収の危機を救ってくれる，そんな正義の味方が守ってくれたら…!?，現実はなかなか厳しいかもしれませんが。

子会社　subsidiary

　親会社（parent company）と子会社（subsidiary）の定義は，基本的には株式の保有割合で決まります。親会社が，ある会社の株式の過半数を保有している場合は，その会社は子会社と呼ぶことができますが，厳密にいうと，議決権（voting right）のある株式を50％超保有している場合ということになります。議決権を過半数保有すると，その会社の取締役を選任するなど，会社の意思決定を支配することができるわけです。そのような支配下にある会社を子会社といい，連結（consolidation）の対象となります。また，親会社が議決権を100％保有している子会社は，完全子会社（wholly-owned subsidiary）と呼びます。

　もし，議決権が過半数でない場合（例えば40％保有）でも，筆頭株主になっていて親会社が実質的に支配している場合には子会社とみなす場合があります。これを「支配力基準」または「実質基準」といいます。単に株式保有の割合だけでなく，親会社出身の役員の数や子会社の取引の内容など，親会社との関係性をよく見極める必要があるのです。

　子会社の採用する会計処理については，原則，親会社の会計処理と統一することが求められています。

関連会社　affiliate

　会計における関連会社（affiliate）の定義は，親会社が議決権付株式（voting shares）の20％以上50％以下を実質的に保有していて，事業の方針などに影響を与えるような会社のことです。関連会社は，通常，持分法（equity method）という方法で親会社の連結財務諸表に加わることになり，持分法適用会社と呼ばれます。

　また，株式を20％以上保有していなくても，人事，資金，技術，取引等の関係を通じて，財務，営業，事業などの方針の決定に重要な影響を与えることができる会社を関連会社とすることがあります。この場合，「実質基準」を適用しているといえます。

ちなみに，「関係会社」（associated company）という言葉がありますが，会計上それは「親会社」，「子会社」，「関連会社」，また，意思決定に影響力を及ぼす会社を含めます。親会社は子会社または関連会社から見て，関係会社の1つです。

持株会社，ホールディングカンパニー　holding company

　他の会社を支配する目的でその会社の株式を保有する会社のことです。

　持株会社には，純粋持株会社と事業持株会社の2種類があります。

　純粋持株会社（pure holding company）とは，株式を保有することでその会社を支配することのみを事業とする持株会社のことで，専らグループ全体の経営戦略の策定やグループ会社の管理を行います。通常，複数のコア事業会社を従えていて，そこからの配当が主な収入源です。一方，事業持株会社（holding-operating company）とは，グループ各社の株式を保有することで子会社を支配しながら，自らも事業を営む会社のことです。自らの自然な成長過程の中で子会社や関連会社を増やしていく場合，このように事業を営む持株会社となるわけです。

　わが国では，1997年の持株会社設立の解禁（この場合は純粋持株会社）以来，大企業の持株会社制度（holding company system）の導入は急速に進んできました。持株会社は，主に株式移転（stock transfer），つまり新株の発行と引き換えに，既存の会社の株主が保有する発行済株式の100%を取得するという方法で設立されてきました。

　今日では，持株会社制度は上場企業に限らず，中堅企業などでも採用されるようになってきました。持株会社には株式を保有する以外に事業はありませんので，子会社の管理に集中でき，グループとしての意思決定が迅速に行え，事業戦略を策定しやすくなるというメリットがあります。それまで親会社，子会社，孫会社と縦に並んでいたところを持株会社設立により横に眺めることができるわけですから，それはよく見渡せるというものです。

　しかし一方で，一度持株会社を設立した会社が持株会社制度を廃止するケースも出てきています。子会社すなわち事業会社の管理が必ずしもうまくいかな

いこと，情報が共有しにくいこと，組織の変更が容易でないことなどが廃止の理由にあげられています。好景気には問題のなかったこの持株会社制度も，景気が低迷するとさほど効果はないということなのでしょうか。頭を柔らかくして見守っていきたいところです。

A holding company is a company that controls other companies through stock ownership but that usually does not engage directly in their productive operations.（from Dictionary.com）

純粋持株会社の設立の例

［MS & AD グループホールディング］

MS&AD Insurance Group Holdings, Inc. is the insurance holding company of the new group formed in April 2010 through the merger of Aioi Insurance Co., Ltd., Nissay Dowa General Insurance Co., Ltd., and Mitsui Sumitomo Insurance Group.
（MS&AD インシュアランス グループ ホールディングスは，あいおい損保，ニッセイ同和損保と三井住友保険グループの合併によって2010年4月に設立された新しいグループ（MS&AD インシュアランス グループ）の持株会社です。）
　☞あいおい損保とニッセイ同和損保はその後2010年10月に合併し，あいおいニッセイ同和損害保険が誕生しました。

［日本取引所グループ］

Japan Exchange Group Inc. is a holding company established in 2013 as a result of the integration of the Tokyo Stock Exchange Group and the Osaka Stock Exchange.
（日本取引所グループは，東京証券取引所グループと大阪証券取引所の統合により2013年に設立された持株会社です。）
　☞現在，大阪証券取引所は大阪取引所と呼ばれています。

特定目的会社　special purpose company（SPC）

　特定目的会社（SPC）は，ある特定の目的，例えば債権の流動化や不動産ファイナンスなどを目的として設立される会社で，いわゆるペーパーカンパニーです。SPC法（資産の流動化に関する法律（資産流動化法））に基づいて設立されます。

　通常 SPC は1つの取引から生じる資産のみを保有し，他の目的の資産と混在することはありません。また，SPC はもともと資産を保有する会社，現保有者（originator）の影響を受けない，つまり倒産することがないように作られており（資産の移転が真正売買（true sales）），これを倒産隔離（bankruptcy remoteness）といいます。特定資産を処分した後は，SPC は原則解散することになっています。

　SPC は会社としての実態はなく，出資者の一定割合が SPC の設立した会社本体と関係ない場合は連結対象からはずすことも可能です。

債権の流動化・証券化（securitization of receivables）

　資産や負債を圧縮してバランスシートをスリム化したいと考える企業は，SPC を設立して一部の債権（売掛債権や貸付金など）を企業本体から切り離し，SPC に譲渡することがあります。SPC は譲渡された債権自体の信用力をもとに小口化した資産担保証券（asset backed securities）を発行し，それを投資家に売って資金調達を行います。

　債権を譲渡した企業，すなわち現資産保有者（originator）は，資産の譲渡により有利子負債を圧縮させることができ，期待していたバランスシートのスリム化が実現します。その結果，ROA（Return on Assets　総資本利益率）などの財務比率の改善を図ることが可能となります。

関連用語

特定目的会社　TMK（Tokutei Mokuteki Kaisha）

　SPC の一種ですが，日本国内では債権の流動化などの目的で TMK を設立することが多いです。

同様の機能を持つ信託や任意組合，匿名組合などを含めて Special Purpose Vehicle と呼ぶことも多く，設立場所は日本国内のみならず，税制上の優遇措置のある海外（デラウェア州，ケイマン，バミューダ諸島など）で設立されるケースも多くあります。

コミングリングリスク，混在リスク　commingling risk

債権を保有している企業が回収する特定の証券化商品のキャッシュ・フローが，他の資産のものと混同されて一般債権とみなされるリスクのことです。

Panama papers　パナマ文書

パナマにあるモサックフォンセカという法律事務所から2015年に流出した膨大なデータは，1970年代から2015年までに法律事務所が作成した約21万社に及ぶオフショア法人の情報，契約書，写真，内部データベースなどを含む機密文書でした。パナマは租税回避地（tax haven）で，ケイマンやバミューダ同様，税制上優遇されていることから注目され，世界中の企業や資産家がパナマにペーパーカンパニーを設立することで知られています。2015年8月に，何者かが匿名でドイツの地方紙「南ドイツ新聞」にこのデータを送りつけたことで発覚。その後，ICIJ（国際調査報道ジャーナリスト連合）にも送られ，80か国400人のジャーナリストがこのデータの解析にあたりました。2016年4月には企業名および個人名が明らかとなり，その中に現役の政治家，著名人，富豪らの名前が載っていたことから，議論が巻き起こりました。タックスヘイブンの地に会社を設立すること自体は違法ではありませんが，すでに富と名声を得ている人々がさらに節税のために海外に資産を移すという話は，一般庶民には腹立たしいとしか言いようがありません……。

現在価値　present value

　将来の価値を現在の価値に置き換えたときにいくらになるかを示したものです。

　将来の価値を一定の割引率（discount rate）を使って現在時点まで割り戻した価値であり，割引率は，実際には利率（interest rate）や資本コスト（cost of capital）などを用います。

Present value (PV) is the current capital value of a future income or outlay or a series of such incomes or outlays. It is computed by the process of discounting at a predetermined rate of interest (from Dictionary.com)

　仮に割引率が3％であるとき，5年後の1,000万円を現在価値に直すと，

$$PV = \frac{100}{(1+0.03)^5}$$

　つまり，

　1,000（万円）÷（1+0.03）^{5}＝862.6（万円）

となります。

　この現在価値の考え方をキャッシュ・フローの計算に用いているのがDCF法（discounted cash flow method）です。これは将来生み出すと予想されるキャッシュ・フローの現在価値の合計をもとに企業や投資プロジェクトの価値を算出する方法です。

The discounted cash flow method calculates the net present value (NPV) of future cash flows for an investment opportunity.

関連用語

資本コスト　cost of capital

　企業が調達した借入金や資本金にかかるコストのことで，支払利息や配当金がこれにあたります。

正味現在価値　net present value（NPV）

　投資によって得られる将来のキャッシュ・フローの現在価値の総額から投資額を差し引いたものを正味現在価値（NPV）といいます。この価値がプラスのときに投資の価値があると判断できます。

例 プロジェクトＡについて700万円を投資した場合の予想収益額は以下のとおりです。

　DCF法を用いて利益はいくらかを求めてみましょう。割引率は２％とします。

	1年後	2年後	3年後	4年後	5年後	合計額
プロジェクトＡ	100	100	200	200	300	900

　プロジェクトＡの予想収益額の現在価値は,

$$PV = \frac{100}{(1+0.02)} + \frac{100}{(1+0.02)^2} + \frac{200}{(1+0.02)^3} + \frac{200}{(1+0.02)^4} + \frac{300}{(1+0.02)^5} = 839.1 (万円)$$

	1年後	2年後	3年後	4年後	5年後	合計額
予想収益額の PV	98.0	96.1	188.5	184.8	271.7	839.1

　最初に700万円を投資するので,　実際の利益,　すなわち正味現在価値は,

　839.1 － 700 ＝ 139.1（万円）

となります。

　会計において現在価値を使う場面は,　退職給与引当金の算出,　ファイナンス・リース取引に係る現在価値基準の判定,　資産除去債務の算出などです。

金融派生商品，デリバティブ
derivative products, derivatives

　株式，債券，為替，金利などの原資産（underlying asset）から派生してできた金融商品の総称で，スワップ（swaps），オプション（options），先物（futures）とさらにそれらを組み合わせた商品やより複雑な商品が多数あります。

　デリバティブの目的には，投機（speculation），裁定（arbitrage）とヘッジ（hedge）があります。投機は，取引する対象を本当に必要としているかどうかは別として，価格の変動から利益をあげようとする行為です。株式を短期間に売買して利益をあげるのと同様です。裁定取引（arbitrage）もまた利益をあげることを目的に，市場価値と比較して割高もしくは割安の金融商品を売買することです。一方，ヘッジには実需が伴っています。例えば日々の通常の取引において米ドルの受取が定期的にある場合，為替相場が円高になるにつれて受取額は目減りします。そのようなときにデリバティブを利用して為替リスクを相殺する取引を行います。それがヘッジ目的のデリバティブです。

swaps（スワップ）	⇨	キャッシュ・フローの交換
options（オプション）	⇨	売買の権利の取引　put（プット）は売る権利，call（コール）は買う権利
futures（先物）	⇨	将来の物の取引

　ここでは実需がある場合のデリバティブについて少し説明します。

為替リスクをヘッジするデリバティブの例

通貨スワップ　currency swap

　異なる通貨の交換で，元本と金利の両方のキャッシュ・フローの交換をします。例えば，将来円高ドル安になると予想される局面で，保険会社が外債を保有していて，それが6か月ごとに2万ドルのクーポンが支払われる満期100万ドルの債券の場合，この債券のキャッシュ・フローを円のキャッシュ・フローと交換する通貨スワップを銀行と行います。その結果，保険会社は確定した円の

金利と円の元本を受け取ることになり，為替リスクを回避することができます。

先物為替予約　forward exchange contract

　将来の特定の日を予約の実行日と決めて，銀行と外貨の決済を行う為替レートをあらかじめ取り決めておく為替売買取引です。将来の一定の期間を定める場合もあります。例えば，円高ドル安傾向にあるとき，ある輸出業者が1億円の輸出（ドルで受け取る）を6か月後に控えているとします。この場合，先物為替で入金額のドル売り予約をして為替レートを確定させるのが典型的な為替リスクのヘッジです。

通貨オプション　currency option

　外国通貨を将来の一定時期（行使期間）にある価格（行使価格）で売買する権利を売買する取引のことをいいます。外貨を買う権利（call option）の買い，外貨を買う権利の売り，外貨を売る権利（put option）の買い，外貨を売る権利の売りの4種の取引があります。前述のドルを受け取る輸出業者がオプションを利用するとしたら，6か月後を満期とするドルのプットオプションを買うとリスクヘッジとなります。オプションの買手は期日が来てから為替相場の動向を見ながら，購入した権利を行使する（exercise）か，あるいは放棄（abandon）するかの選択ができます。もし為替相場が当初の予想に反した場合，購入した権利を放棄できるのが先物為替予約と決定的に違うところです。

金利リスクをヘッジするデリバティブの例

金利スワップ　interest rate swap

　同じ通貨の中で，異なる種類の金利（固定金利と変動金利）を持つ二者間で金利の支払を交換する取引です。元本の交換は行われず，想定元本（notional amount）に基づいて計算された金利のみの交換を行います。例えば，金利は今後低下すると予想する企業が，固定金利を支払う金融債務を持っている場合，変動金利と交換することで，金利の変動リスクを回避することが可能となります。実際，金利スワップには多くの種類があり，ユーザーのキャッシュ・フローに合わせて作ることが可能です。アセットスワップ（asset swap），ベーシススワップ（basis swap），コンティンジェントスワップ（contingent swap），フォワードスワップ（forward swap），クーポンスワップ（coupon swap）など，さまざまなスワップが存在しています。

154

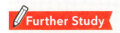
Further Study

金融派生商品の会計
accounting for derivatives

　金融派生商品（オプション，スワップ，先物など）の会計は，すべて時価会計（market value accounting）を適用しています。原則として期末に時価評価を行い，評価差額を当期の損益に計上します。また，ヘッジ会計の要件を満たすものについてはヘッジ会計（hedge accounting）を適用し，ヘッジ対象の損益が認識されるまで評価差額を純資産の部で繰り延べます。

＜金利スワップ（interest rate swap）の会計処理＞
➢ 契約時にスワップ自体の処理はありません。
➢ 利払時に固定金利と変動金利の交換について会計処理をします。
➢ 事業年度に金利スワップを時価評価し，評価差額は当期の損益として計上します。

例 仕訳をしてみましょう。

　V社は2015年10月1日，T銀行から20億円の借入をしました（期間は3年，変動金利，利払日は3月31日）。また，同日，F銀行と金利スワップを締結しました（想定元本20億円，期間は3年，変動金利受取，固定金利3％支払）。2015年3月31日の事業年度の変動金利は4％，金利スワップの時価は1,800万円でした。

2015年10月1日の仕訳
借入金の計上のみでスワップについての仕訳はありません。

Dr.		Cr.	
銀行預金（Bank deposit）	2,000	借入金（Bank debt）	2,000

（単位：百万円）

2016年3月31日の仕訳
利息の計上（6か月分）
　T銀行に支払う利息は，（20億円×0.04％）×6/12＝4,000万円
　また，スワップについては，変動金利4％，固定金利3％なのでその差額を

受け取ります。

20億円×（0.04−0.03）×6/12＝1,000万円

Dr.		Cr.	
支払利息（Interest expense）	40	銀行預金（Bank deposit）	40
銀行預金（Bank deposit）	10	支払利息（Interest expense）	10

時価評価は，

Dr.		Cr.	
金利スワップ資産 （Interest rate swap asset）	18	金利スワップ損益 （Loss on interest rate swap）	18

（単位：百万円）

ヘッジ会計
hedge accounting

　ヘッジ会計とは，ヘッジの対象と，ヘッジする手段として用いられたヘッジ取引（hedging transaction）の損益の計上のタイミングを合わせることで，ヘッジ取引の効果を会計に反映させるための会計処理です。ヘッジ対象となっている資産などの評価差額が認識されるまで，ヘッジ手段の時価評価差額も繰り延べます。純資産の部の「その他の包括利益」（other comprehensive income）の中の1科目として「繰延ヘッジ損益」（deferred gain or loss on hedges）を計上します。

2つのADR

　ADRと聞いて皆さんは何を思い浮かべますか？　金融のマーケットで働いている方はAmerican Depository Receipt（米国預託証書）を最初に思い出すかもしれません。米国の金融市場において米国籍でない会社が資金調達をする場合、原株券をまとめて信託会社に預託して、預託証券を発行させ流通に供そうという仕組みです。外国株式を米国市場で流通させるための手段です。日本の大手企業（日立、ソニー、トヨタ、キヤノンなど）もこの方法でニューヨーク証券取引所（NYSE）に上場しています。

　法律関係に詳しい人、あるいはネット取引や投資信託等の投資に関与している人は、損失が出たときの救済策にADRという手があったと思うかもしれません。こちらはAlternative Dispute Resolutionの略で、消費者と事業者との取引などで問題が発生した場合に、訴訟手続によらず公正な第三者（民間業者）が関与して簡易・迅速にその解決を図る手続です（裁判外紛争手続）。仲裁、調停、あっせんなどを広く指すもので、2004年にADR法が制定されて以来、わが国でも徐々に広まりつつあります。

ADR is a term used to describe several different methods for resolving legal disputes without going to court.

　最近では、事業再生ADRという言葉も使われるようになりました。

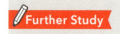

ISDA
(International Swaps and Derivatives Association)

ISDAとはデリバティブ業務に関わる金融機関や法律事務所等が集まり1984年に設立された協会です。本部はアメリカのニューヨークですが，数か国に支部を置いています。デリバティブ取引のルールを作り，その契約書の形式を標準化することに貢献しました。設立当初は International Swap Dealers Association（ISDA）（頭文字は同じ）と呼ばれ，スワップのディーラーの親睦団体でしたが，店頭デリバティブ取引市場の拡大に伴い，市場の整備のためのさまざまな提言を行い，契約書式を作成し，1993年に現在の名称に変更されました。

ISDA Master Agreement は，ISDA が作成したマスター契約です。デリバティブ取引の両当事者間で，複数の取引に共通して適用される基本約定です。この基本約定のもとでは，スワップや為替取引等を繰り返し行ってもその都度契約書を交わす必要はなく，個別の取引はこのマスター契約の適用下に置かれている confirmation（確認書）を個々に交わします。Confirmation では個別取引の諸条件について記されているだけです。ISDA Mater Agreement はまた，複数取引の close-out netting（一括精算）を可能にしました。このように取引参加者たちの手間と時間を短縮するという大きな役割を果たしたのです。そして今や，さまざまな議論があるものの世界中で広く採用されています。1987年に最初の契約書式が公表され，以来，実情に合わせて幾度となく改訂され，2002年版が最終版となります。

ISDA Master Agreement　ISDA マスター契約
デリバティブ取引の基本契約書。これを締結した当事者間で締結されるすべての取引について適用される標準的な契約条件を定める文書となります。1992年版が使用され，後に2002年版が使用されています。

Schedule　スケジュール
マスター契約の内容を変更する際に用いられるもので，マスター契約に添付

されます。

Confirmation　コンファメーション

　マスター契約のもとで，個々のデリバティブ契約について取引当事者間で取引の条件が合意されていることを確認するためのものです。まれに，ISDA マスター契約の締結をする前に，市場が良い方向に向いて取引を始めてしまう場合がありますが，その際，Long-form confirmation という基本合意事項を含めた確認書を交わすことがあります。

Credit Support Annex（CSA）　クレジットサポートアネックス　担保契約書

　マスター契約に付随する担保契約書のことです。2 社間で行うデリバティブ取引に関して，時価評価額（exposure）がマイナスになった場合，それをカバーする担保を差し出すことを取り決める契約です。あらかじめ無担保でよしとする信用限度額（threshold）と，独立担保額（independent amount）という担保の最低額を設定しておきます。そして日々の時価評価額（exposure）に対して担保を差し入れたり返却したりします。

参考

＜ISDA Master Agreement や loan agreement で使われる用語＞

Events of default　債務不履行事由

　契約を履行しないとみなされる事由のことです。契約義務の違反や違反につながる事由，または支払不能，破産等が債務不履行事由となります。契約の当事者の一方が責任を負う事由です。支払不能，債務超過（insolvent）などが含まれます。

Acceleration　期限の利益の喪失

　契約が履行されていたなら債権者が得たであろう利益を失うことです。ローン契約では債務不履行になった場合，利息の支払期日や元本の返済期日が意味を失い，直ちにこれを支払う義務が生まれます。

Cross default　クロスデフォルト

　Events of default の 1 つで，ある契約における債務不履行が，他の契約の債務不履行事由になることです。例えば，スワップ取引の当事者が持つスワップ

以外の契約に関して債務の不履行があったときに，スワップ取引についても債務不履行事由とするものです。この条項が作動すると，例えばある金融機関からの少額の債務不履行が起こった場合，これにより他の金融機関との取引もすべて打ち切られることになります。

Termination events　解約事由

契約の両当事者には責任はないが，取引の期限前解約の根拠となる事由です。例えば為替相場の変動による評価額の変化や税制の変更などです。

Close out netting　クローズアウトネッティング

当事者の一方が債務不履行に陥ったとき，その相手との間で行ったすべての取引を相殺し，損害金として支払うことです。

Covenants　誓約，制限条項

契約期間中に遵守しなくてはならない事項のことです。Affirmative covenants は積極的にあることをするという制約，逆に negative covenants は何かをしないという制約です。Affirmative covenants の例としては，財務諸表を事業年度末から3か月以内に提出することや，四半期ごとに現預金残高を知らせる等があります。

Financial covenants　財務制限条項

契約期間中に債務者が遵守しなくてはならない財務上の数字です。例えば，自己資本比率は30% 以上を維持すること，経常利益が2期連続で赤字にならないこと，純資産が300億円を下回らないことなど，通常貸借対照表や損益計算書の数字に関した制限です。これらを順守できない場合，契約違反となり event of default になります。

Multi-branch　マルチブランチ

2つ以上の支店または営業拠点などでの取引を可能にします。

Governing law　準拠法

契約に適用される法律のことです。国際取引の場合，あらかじめ準拠する法律を選択しておくことで，紛争などの際に問題を少なくします。日本法

（Japanese Law），英国法（UK Law），ニューヨーク法（New York Law）等。

Setoff　セットオフ，相殺

デリバティブ取引の当事者の債権と債務を相殺することです。

Condition precedent　先行条件

契約を履行するための前提条件のことで，契約そのものの効力に影響を与えるものではありません。（cf. condition concurrent は同時履行条件，condition subsequent は後行条件）

Waiver　権利放棄

権利の放棄に関して書かれた waiver clause または no waiver clause が付いている場合がありますが，これは本契約に基づくある権利を放棄した場合においても，他の機会における同じ権利の放棄とはみなされないということです。

退職給付会計　accounting for retirement benefit

　企業で働く社員の退職に伴って支給される退職金をあらかじめ見積もっておく会計です。会社の負担額を合理的に見積もるための方法で，企業が年金制度へ拠出している掛金とは別に退職給付費用を算出します。この退職給付会計は国際会計基準に対する収れん（convergence）の一環として2012年に導入され，2013年にも一部改正となりました。先に述べた現在価値の概念を使って，将来の給付額を毎期の B/S と P/L に反映させます。

退職給付に係る債務

　退職給付会計では，①退職後に支給される給付のうち認識時点までに発生している分を割り引いて算定する「退職給付債務」（retirement benefit obligation）と，②実際に企業が給付のために積み立てる「年金資産」（plan assets）の2つが中心となります（次頁参照）。退職給付債務と実際の年金資産との差額は積立不足となり，これを退職給付に係る債務として計上することになります（実際の計算はもう少し複雑になっていて，そこからさらに3つの未認識項目，すなわち過去勤務費用，数理計算上の差異，会計変更時差異の未処理額を控除した残額が不足分となり，これを「退職給付引当金」（B/S 項目）として負債計上することになります）。

> 退職給付債務 － 年金資産 ＝ 積立不足（未積立退職給付債務）

退職給付費用（P/L 項目）

　また，毎期の費用としては退職給付費用（retirement benefit cost）を計上しますが，それは次の6つの要素から成り立ちます。

```
① （＋）勤務費用
② （＋）利息費用
③ （＋）過去勤務費用に係わる当期の費用処理額
④ （＋／－）数理計算上の差異に係わる当期の費用処理額
⑤ （＋／－）会計基準変更差異の当期の費用処理額
⑥ （－）期待運用収益
　　　　退職給付費用
```

退職給付債務　retirement benefit obligation

　社員の一定の期間の役務の提供に基づいて，退職後に支給される給付のうち認識時点までに発生している分を，割り引いて算定したものです。予想退職時期ごとの退職給付見込額のうち期末までに発生していると認められる額を，現時点からそれぞれの退職時期までの期間にわたって現在価値に割り引きます。

年金資産　plan assets

　退職給付の支払のために企業年金制度において積み立てられている資産で，時価で評価します。

退職給付引当金　allowance for retirement benefit

　貸借対照表上に計上される科目です。退職給付債務から年金資産を引いて求めます。

勤務費用　service cost

　一期間の労働の対価として発生したと認められる退職給付です。

利息費用　interest cost on retirement benefit obligation

　割引計算により算定された期首時点の退職給付債務について，時の経過により期末までに発生する利息分です（期首退職給付債務×割引率）。

過去勤務費用の償却額　amortization of prior service cost

　退職給付水準の改訂等に起因して発生した退職給付債務の増加または減少部分を将来にわたって償却しますが，当期の費用計上分です。

数理計算上の差異の償却額　amortization of actuarial gain/loss

　退職給付債務の数理計算に用いた見積数値と実績との差異や，年金資産の期待運用収益と実際の運用収益との差異などが数理計算上の差異で，将来にわたって償却しますが，当期の費用計上分です。

会計基準変更差異の償却額　amotization of transition adjustment

　退職給付会計基準における未積立退職給付債務と従来の会計基準により計上された退職給与引当金等との差額のことで，将来にわたって償却しますが，当期の費用計上分です。

期待運用収益　expected gain or loss on plan assets

　年金資産の運用により生じると合理的に期待される計算上の収益であり，期首の年金資産に長期期待運用収益率を乗じることにより算定されます。

＜図解＞　退職給付会計

〈図解〉　退職給付会計

退職給付引当金 （B/S）	退職給与債務
年金資産	

退職給付費用 （P/L）	勤務費用
数理計算上の差異	
会計基準変更の差異	利息費用
期待運用収益	

未認識数理計算上の差異	実際の運用収益
期待運用収益	

未認識数理計算上の差異　unrecognized actuarial gain or loss

　数理計算上の差異（actuarial gain or loss）のうち，当期末時点で費用処理されていない金額のことです。未認識数理計算上の差異は，原則として，各期の発生額を平均残存勤務期間以内の一定の年数で按分して，将来にわたって費

用処理が行われるため，費用計上した分を除いた分が未認識数理計算上の際となります。なお，2013年の改正では，連結財務諸表において，未認識数理計算上の差異や過去勤務費用の未認識項目を即時認識することになりました。つまり積立不足がすべて貸借対照表に計上されます。その結果，純資産のその他の包括利益の中で「退職給付に係る調整累計額」(remearuement of defined benefit plans, net of taxes) を表示します。個別財務諸表について変更はありません。

リース会計　lease accounting

リース会計はリース取引を処理する会計です。リース取引は，特定の物件の所有者である貸手 (lessor) が，その物件の借手 (lessee) に対し，一定の期間 (リース期間　lease term) にわたりこれを使用する権利を与え，借手はリース料 (lease fee) を貸手に支払います。リース取引は固定資産を購入する場合と比較して，一時的な多額の出費を抑えることができ，また，事務処理も容易になるという利点があります。

リース取引はファイナンス・リース (capital lease/finance lease) とオペレーティング・リース (operating lease) の2種類に分類されます。

ファイナンス・リース　capital lease/finance lease

ファイナンス・リースとは，リース契約に基づくリース期間中は，中途解約不能 (non-cancellable) のリース取引です。借手はリース物件による経済的利益を享受し，かつ，リース物件の使用に伴って生じるコストすなわち設備の代金，固定資産税，保険料などを実質的に負担する取引 (フルペイアウトのリース取引) です。対象となるリース物件は，産業機械，輸送機器，工作機械，医療機器，商業施設などさまざまです。

ファイナンス・リースの判定基準は2つあり，いずれかを満たした場合にファイナンス・リースとなります。

1) 現在価値基準：解約不能リース期間中のリース料総額の現在価値 (PV of lease payments) が，リース物件の見積現金購入価額 (借手がリース物件を現金で購入すると仮定した場合の合理的な見積金額) (fair value of the

leased property）の概ね90％以上であるリース取引

2) 経済的耐用年数基準：解約不能リース期間（non-cancellable lease term）がリース物件の経済的耐用年数（economic life of the lease property）の概ね75％以上であるリース取引

　また，ファイナンス・リースもリース物件の所有権が借手に移転すると認められる「所有権移転ファイナンス・リース取引」とそれ以外の「所有権移転外ファイナンス・リース取引」とに分かれます。

　所有権移転ファイナンス・リース取引とは，次のいずれかに該当する場合です。

1) 譲渡条件付（所有権移転条項付）（title transfer option）リース取引
2) 割安購入選択権（bargain purchase option）付リース取引
3) 特別仕様物件のリース取引

所有権移転のファイナンス・リースの会計処理　accounting for finance lease with title transfer

　ファイナンス・リースの本質は金融的な機能にあります。借手が**①金融機関から借入をする，そしてその資金で②固定資産を購入するという2つの取引を，リース会社が1つのサービスとして提供**しています。したがって借手（lessor）の会計処理は，借入をして固定資産を購入したように考えると理解しやすくなります。固定資産を購入すると，それを資産計上して耐用年数にわたって減価償却しますが，それと同様に，リース物件を資産計上してリース期間にわたって減価償却します。また，借入金を計上して毎月元本の一部と利息を返済するように，リース債務（lease liability）を計上して毎月リース料を支払うことでそのリース債務を返済します。

The economic effects of a long-term capital lease are similar to that of an equipment purchase using installment debt. The obligation of the lessee is similar to that created when funds are borrowed.

例 **所有権移転ファイナンス・リースの仕訳をしてみましょう。**

A社は4月1日，リース契約を結び，機械を調達しました。リース契約時，リース料支払時および決算時（3/31）の仕訳をしてみましょう。

リース物件：機械	リース期間：5年（定額法）
耐用年数：6年（定額法）	リース料：2,000,000円／年
見積現金購入価額：9,500,000円	
リース終了時に200,000円で購入する権利が付与されています。	

① 4/1 リース契約時の仕訳は，固定資産購入の場合と同じです。

見積現金購入価額とリース料総額を割り引いたものとを比較して低いほうを取得価額とします。

Dr.		Cr.	
機械（Machinery）	950	リース債務（Lease obligation）	950

② 3/31 リース料の支払時の仕訳

リース料200万円のうちの一部を支払利息として計上します。

9,500,000÷5＝1,900,000で190万円をリース料とし10万円を支払利息とします。

Dr.		Cr.	
リース債務（Lease obligation）	190	銀行預金（Bank deposit）	200
支払利息（Interest expense）	10		

③ 3/31 決算時の仕訳

通常の固定資産の減価償却と同じです。

Dr.		Cr.	
減価償却費		減価償却費累計額	
（Depreciation expense）	1,583	（Accumulated Dep.）	1,583

（単位：百万円）

167

オペレーティング・リース　operating lease

ファイナンス・リース以外のリース取引をいいます。

オペレーティング・リースは，物件を必要とする期間に応じて使用できる賃貸借契約で，ユーザーが自由に解約できるリース契約です。不特定多数のユーザーを対象にした汎用性の高い物件を取り扱う傾向にあります。

オペレーティング・リースの会計処理　accounting for operating lease

ファイナンス・リースと異なり，契約期間だけ物件を借りているので資産計上はありません。

（借手）　事務所の賃貸料と同様で，「支払リース料」を費用計上します。

（貸手）　リース資産を貸借対照表に計上し，減価償却を行い，受取リース料を収益として計上します。

その他のリース

転リース取引　sublease transaction

リース物件の所有者から物件のリースを受け，さらに同一物件をほぼ同一の条件で第三者にリースする取引をいいます。

リースバック取引　sale-leaseback transaction

すでに所有している機械・設備等を，リース会社などに売却し，それをただちにリース物件として借りることです。

レバレッジドリース　leveraged lease

主にリース会社が，一般投資家から資金を得て，航空機や船舶などの大型物件を取得し，リース資産として借り手にリースする取引です。大型物件の減価償却のメリットを活かして節税に役立てるリース取引です。リース期間の最初の数年は，減価償却費の負担が重く損失が発生するため，利益の多い会社には節税効果が生まれます。

8 報告書
Reports

有価証券報告書
annual securities report（Yuka Shoken Hokokusho）

　略して「有報（ゆうほう）」と呼ばれることもある「有価証券報告書」は，日本の証券取引所に株式を上場している企業，店頭登録している企業などに提出が義務付けられている報告書です。事業年度終了後3か月以内に地方の財務局長宛てに提出しなくてはなりません。

　有価証券報告書は，財務諸表を含めた財務関係の情報以外に，企業の概況，事業の内容，設備の状況，業績等の概要，株式や役員の情報，企業集団の状況（子会社，関連会社），セグメント情報など，大変豊富な企業情報が含まれていて，会社によっては200ページを超える場合もあります。また，ほとんどの企業について無限定適正意見の付いた監査報告書（audit report）が添付されています。

　有価証券報告書は，わが国において企業が開示する報告書としては包括的（comprehensive）で，最も信頼性の高い（credible）報告書です。宣伝の意図はないためアニュアルレポートのような派手さはありませんが，企業の活動内容や企業集団の範囲，また，財務内容や資金調達の状況の詳細を知るうえで最も有益な情報を含めた報告書といえます。

　金融庁のEDINET（Electronic Disclosure for Investors' Network）というサイトでは，有価証券報告書，四半期報告書，半期報告書，有価証券届出書などの開示書類の閲覧ができます。実際，企業はこのEDINETへ有価証券報告書を電子報告書の形で提出していますので，私たちはほとんど時差がなく閲覧できます。また，証券取引所や財務局などにおいても閲覧が可能です。

その他国内の報告書

四半期報告書　Quarterly report

　有価証券報告書を提出している会社は，四半期ごと（第1四半期，第2四半期，第3四半期）に財務情報を含めた報告書を作成し，金融庁に提出することが金融商品取引法で義務付けられています。この報告書は有価証券報告書と異なり，監査の義務はありませんが，公認会計士または監査法人による四半期レビュー（review）が義務付けられています。毎四半期の期末から45日以内という期限があります。

半期報告書　Semiannual securities report

　中間期（上半期）の報告書です。上場企業は四半期報告書を提出することになっているので半期報告書の提出の義務はありませんが，上場企業でない有価証券報告書提出会社は，半期報告書を作成し，金融庁に提出することが義務付けられています。上半期が終わって3か月以内にこの報告書を提出しなければなりません。

有価証券届出書　Securities registration statement

　1億円以上の有価証券（株式や債券など）の募集または売出をする際に，発行体が内閣総理大臣に提出する届出書です。主に実施する募集や売出の詳細（証券情報）と発行体の事業内容や財務諸表など（会社情報）を記載して提出します。投資家が有価証券の購入時に受け取る目論見書（prospectus）はこの有価証券届出書とほぼ同じ内容となっています。

決算短信　Quick summery of accounts（kessan tanshin）

　上場企業が決算発表時に作成する財務諸表および概況などを含めた速報値で，証券取引所に提出されます。最近では迅速化が進み，決算日から1か月前後で発表する企業が多くなっています。有価証券報告書と異なり，会計監査が終了する前に発表されるので，監査報告書は添付されていません。この決算短信の発表とほぼ同時に，投資家向けの決算説明会を開催する企業が多くあります。

監査報告書　Audit report, Auditor's report

　監査人または監査法人が，企業の財務諸表について監査を実施した後に，監査意見を述べる報告書です。監査の範囲（scope of audit）を明らかにし，財

務諸表が適正か否かの意見を表明します。先にも述べたように監査報告書は有価証券報告書にも添付されて金融庁に提出されています。

内部監査報告書　Internal control report

内部統制が社内に構築され，有効に機能していることを経営者が確認したことを報告するもので，有価証券報告書に添付して金融庁に提出されます。

大量保有報告書　Substantial shareholding report

ある上場会社の株式等の保有割合が発行済株式数の5％を超える場合に，大量保有者とみなされ，大量保有報告書の提出が必要となります。提出期限は5％を超えて保有した日から5日以内，その後1％以上の増減があった場合にも大量保有報告書を提出する義務が生じます。

改善報告書　Improvement report

上場会社が財務情報などの開示を適切に行わないなどの不備があり，改善が必要と認められる場合に，証券取引所によって提出を求められる報告書です。

国際基準の報告書

Annual report　年次報告書，アニュアルレポート

上場企業などが古くから年に1度，投資家に向けて作成する報告書です。通常，事業年度が終わって数か月後に発行されます。財務諸表のほかに，主要データの要約，直近事業年度の概況，部門別業績の要約，グループ会社の紹介，コーポレート・ガバナンスなどの情報を，色彩豊かな写真や図表を加えて開示する1冊のレポートです。また，以下で説明する環境に対する取り組みや企業の社会的責任などについてもまとめた統合報告としてのアニュアルレポートを作成する企業も増えてきています。

Environmental responsibility report　環境報告書

企業が環境問題に対してどのような考え方を持っているか，環境保全のためにどのような取り組みをしているかなど，実際の取り組みについて開示する報告書です。

Corporate social responsibility report　CSR レポート

　企業の社会的責任についてまとめた報告書です。環境報告書を作成していた企業が報告内容を社会的責任に拡大して CSR レポートに変更して発表するケースがあります。

Sustainability report　サステナビリティ・レポート

　サステナビリティとは持続可能性で，企業が環境問題や社会問題などに対してどのように責任を果たすべきかについて開示する報告書です。環境報告書やCSR レポートを作成していた企業が，サステナビリティ・レポートに一本化するケースがあります。

統合報告書　integrated reports

　統合報告とは，財務情報のほかに，近年開示されるようになった CSR レポートなどの非財務情報などをまとめて報告することです。2013年，国際統合報告評議会（International Integrated Reporting Council, IIRC）という機関が，統合報告の枠組みを発表しましたが，以来，日本でも大手企業が採用を始め，その結果，統合報告書（integrated report）と呼ばれるレポートを作成するようになりました。従来のアニュアルレポートに環境報告書や CSR 報告書が一緒になったと考えるとわかりやすいでしょう。進化した企業報告として，今注目を浴びています（これまでどおりアニュアルレポートと呼びつつ，統合報告を行う企業も増えています）。

　統合報告（integrated reporting）は，単にさまざまな開示情報を one report にするというだけでなく，財務情報と非財務情報とを有機的に結び付けることにより，企業価値をより明確に説明することができ，その価値を持続的に高めることに役立つものと期待されています。

Integrated reporting builds on the existing financial reporting model to incorporate non-financial information that can help stakeholders understand how a company creates and sustains value over the long-term. (from a PwC report)

9 テーマ別例文集(2)

現預金

手許現金	We are short of cash on hand. (手許現金が不足しています。) ☞be short of ～　～が不足する 　on hand　手許の
	Mr. Hashimoto is in charge of petty cash. (橋本さんは小口現金の担当です。) ☞in charge of ～　～の担当である 　petty cash　小口現金（pettyは，ささいな，わずかな）
手許流動性	We maintain at least JPY 500 million of cash and cash equivalents. (わが社は最低5億円の現金および現金同等物を維持しています。) ☞cash equivalents　現金同等物
	The company has sufficient liquidity as it has unused committed lines at financial institutions in addition to cash and cash equivalents. (当社は現金と現金同等物に加え，未使用のコミットメントラインが金融機関にありますので，十分な手許流動性があります。) ☞liquidity　手許流動性 　in addition to ～　～に加えて
現預金残高 （ネット）	What is the net cash balance as of March 31st, 2018? (平成30年3月31日のネットキャッシュはいくらですか？) ☞net cash とは現預金と短期保有の有価証券から有利子負債を差し引いたもので，財務の健全性を表す指標の1つです。cashといってもこの場合は預金も含まれます。
現金取引の仕訳	Debit the cash account and credit the sales account. (借方に現金，貸方に売上)（現金でモノを売った場合）
預金口座	We opened an ordinary (savings) account at the MUFG Bank. (私たちは三菱UFJ銀行に普通口座を開設しました。) ☞ordinary account　普通預金口座
	Do you have an account at a Chinese bank? (御社は中国系の銀行に口座を開いていますか？)
	Please note that we have an account at the Tokyo Branch of the Hong Kong and Shanghai Banking Corporation). (わが社は香港上海銀行の東京支店に口座があります。) ☞please note ～　～を覚えておいてください

	Our bank is offering multi-currency accounts. （わが銀行ではマルチカレンシー口座を提供しています。） ☞マルチカレンシー口座とは，1つの口座で円と外国通貨を預金できる口座です。
銀行振込	Please make a bank transfer to the following account. （下記の銀行口座に振込をお願いいたします。） ☞bank transfer　銀行振込，送金
	How much is the remittance charge? （送金手数料はいくらですか？） ☞remittance charge　送金手数料（cf. lifting charge　為替が発生しない場合の手数料）

売掛金，手形，貸倒引当金

報告	The accounts receivable of the Company decreased sharply due to a change in accounting standards from US GAAP to IFRS. （当社の売掛金は会計基準を米国基準から国際基準に変更したため激減しました。）
約束手形	We received a promissory note, which was due December-end, from Kent Inc., when we sold two pieces of office furniture to the company. （ケント社へオフィス家具を2台売ったときに12月末に期日の到来する約束手形を受け取りました。） ☞due 〜　〜期日の
裏書手形の受取	We received a promissory note drawn by a customer of Suzuki Corporation and endorsed by Yamato Corporation. （私たちはスズキコーポレーションの顧客が振り出し，大和コーポレーションが裏書した約束手形を受け取りました。） ☞endorse　裏書する
仕訳	Accounts receivable is debited and sales is credited. （借方に売掛金，貸方に売上を計上します。）（掛売の場合） Bank deposit is debited and accounts receivable is credited. （借方に銀行預金，貸方に売掛金を計上します。）（銀行振込による売上代金回収時）
売掛債権回転期間（日数）	(accounts receivable + notes receivable) ÷ credit sales × 365 ☞売掛金および受取手形の期首と期末の平均を売上で割って365を掛けたもの。売掛債権を回収するのに要する日数
売掛債権回転率	Sales ÷ (accounts receivable + notes receivable) ☞上記と似ていますが，1年間に売掛金が何回転するかを示したものです。
延滞債権	Roughly one fifth of our accounts receivable is overdue. （わが社の約5分の1の売掛金が延滞しています。） ☞overdue　期日が切れて

貸倒引当金	Allowance for doubtful accounts is a contra current asset account associated with accounts receivable. （貸倒引当金は売掛金の相対勘定です。）
貸倒償却	We booked JPY 430 million provision for the allowance of doubtful accounts at the fiscal year end, and wrote off total JPY 120 million bad debt during the year. （期末に4億3,000万円の貸倒引当金を繰り入れましたが，期中に1億2,000万円の貸倒債権を償却しました。） ☞provision　繰入額 　　write off　（貸倒債権などを）償却する

棚卸資産

棚卸資産の種類	Basic types of inventories are raw materials, work-in-process, semi-finished goods and finished goods. （基本的な棚卸資産には，原材料，仕掛品，半製品および完成品があります。）
実地棚卸	Physical inventory is the actual count of inventory on hand. （実地棚卸とは手許にある棚卸資産を実際にカウントすることです。）
評価	We use the conventional retail inventory method to account for inventory. （わが社では棚卸資産を評価するのに伝統的な売価還元法を使います。） ☞conventional　慣習的な，伝統的な 　　retail inventory method　売価還元法
	The value of the land for sale declined by JPY 250 million to JPY 1,570 million at the end of December 2017. （販売用の土地の評価額は2億5,000万円値下がりして，平成29年12月には15億7,000万円でした。）
棚卸（資産）回転期間（日数）	What is the inventory turnover time? （棚卸資産の回転期間はどのくらいですか？） Average inventories / Cost of sales × 365 （平均棚卸資産（期首と期末の棚卸資産を2で割ったもの）÷売上原価×365）
棚卸（資産）回転率	Cost of sales ÷ (average inventories) （売上原価÷平均棚卸資産（期首と期末の棚卸資産を2で割ったもの））

有形固定資産，減価償却など

設備の購入	We purchased manufacturing facilities for JPY 3,500 million during the last fiscal year. The balance of total tangible fixed assets stood at JPY 4,700 million at the end of the last fiscal year. （当社は昨年度に35億円相当の製造設備を購入しました。昨年度末の有

（形固定資産の残高は47億円です。）

資産計上	A total of JPY 180 million is capitalized as the acquisition cost of a cutting machine. （切断機の取得価額として1億8,000万円が資産計上されています。） ☞capitalize　資産計上する
評価額	The value of the plant facilities stands at JPY 5,320 million as of December 31st, 2017. （2017年12月の工場設備の評価額は53億2,000万円です。）
資産の処分	Which asset was disposed of during the last fiscal year? How much was the loss on disposal? （昨年度中に処分された資産はどれですか？　処分損はいくらでしたか？） ☞dispose of 〜　〜処分する 　　disposal　処分，cf. retirement　除去
減価償却費累計額	Accumulated depreciation amounts to JPY 340 million at March-end, and net tangible assets stand at JPY 860 million at March-end. （3月末の減価償却費累計額は3億4,000万円です。そして3月末の固定資産の純額は8億6,000万円です。）

無形固定資産

無形固定資産の種類	Intangible assets include patents, copyrights, trademarks, trade names, franchise licenses, etc. （無形固定資産に含まれるものとしては，特許権，著作権，商標，商号，フランチャイズライセンス等があります。）
	Patents, copyrights and trademarks are also intellectual property rights. （特許権，著作権，商標は知的財産権でもあります。） ☞intellectual property　知的財産権
減価償却	What is the amortization expense of parent A? （特許Aの減価償却費はいくらですか？）
	Goodwill is amortized on a straight-line basis over a period of up to 20 years. However, for items that are immaterial, the total amount of goodwill is fully recognized as expenses as incurred. （のれんは最長20年にわたって定額法で減価償却します。しかしながら重要性のないものについてはのれんの総額は発生時に全額費用として認識します。） ☞over a period up to 〜　最長〜 　　immaterial　重要性のない
	Internal-use computer software is treated as an intangible asset and it is amortized over five years. （社内で使用するコンピューターソフトウェアは無形固定資産として扱

い，5年にわたって減価償却します。）

その他の資産

前渡金	He would like to know how to get an advance for a business trip for the next month. （彼は来月の出張のための前払金をもらう手続を知りたがっています。）
貸付金	We make loans to some of our major customers. The outstanding loan balance amounts to JPY 100 million. （わが社は主要顧客数社に対して貸付を行っております。貸付残高は1億円にのぼります。） ☞amount to ~　~に達する
未収収益	Unearned revenue is recorded when a company receives money before the money is earned. （未収収益は，対価を支払う前にその代金を受け取る場合に計上します。）
前払費用	Prepaid expenses are initially recorded as assets and they are expensed over time. （前払費用は最初に資産として計上しますが，やがて費用化されます。）
繰延費用	Deferred charges include start-up costs, organizational costs, development costs, stock issue costs and bond issue costs. （繰延費用には，創立費，開業費，開発費，株式発行費および債券発行費があります。）
繰延税金資産	A deferred tax asset is an asset on a company's balance sheet that may be used to reduce any subsequent period's income tax expense. （繰延税金資産は貸借対照表上の資産で，その後の年度の所得税を減らすのに使われる可能性があります。）

買掛金，支払手形

買掛金	Accounts payable are debts that must be paid off within a given period of time. （買掛金はある一定の期間内に支払わなければならない債務です。）
手形の振出	A note payable is recorded when a promissory note is drawn for goods purchased. （商品の購入に対して約束手形を振り出すときに，支払手形を計上します。）
買掛金回転期間 （日数）	(accounts payable ＋ notes payable) / Cost of sales × 365 ☞買掛金および支払手形の期首と期末の平均を売上原価で割って365を掛けたもの。営業債務を支払うのに要する日数
買掛金回転率	Cost of sales / (accounts payable ＋ notes payable) ☞上記と似ていますが，買掛金が1年に何回転するかを示したものです。

177

| 求人 | A permanent accounts payable manager position is available for a global company in Tokyo.
（東京にあるグローバルな企業で買掛金マネージャー（正社員）を募集中。）
☞accounts payable manager　財務部または経理部で支払を含めた買掛金に関わる業務を担当します。 |

社債

社債発行の報告	Oriental Land Co., Ltd. has announced that it has issued unsecured straight bonds as described below. （オリエンタルランド社は，下記のように無担保普通社債を発行しましたことを発表します。）
	Mitsubishi UFJ Financial Group issues straight bonds and preferred securities at the holding company level as well. （三菱 UFJ フィナンシャルグループは持株会社でも普通社債と優先証券を発行しています。） ☞straight bond　普通社債 　preferred securities　優先証券 　優先証券とは債券と株式の両方の性質を併せ持つ証券のこと。
	Nippon Steel & Sumitomo Metal Corporation (hereinafter "NSSMC") announced its plan of support for the capital increase of Vallourec S.A. ("Vallourec") through NSSMC's subscription to a rights issue by Vallourec to be equally subscribed by all shareholders and to the issuance of mandatory convertible bonds as part of the expansion of NSSMC's strategic partnership with Vallourec. （新日鉄住金は，フランス，バローレック社との戦略的提携の拡大の一環として，新株予約権の全株主均等割当（以下，「ライツイシュー」）および強制転換社債の引受により，バローレック社の増資を支援するプランを発表しました。） ［新日鉄のプレスリリースから］ ☞strategic partnership　戦略的提携
転換社債の転換	Our capital increased by JPY 222 million during the year as a result of the conversion of convertible bonds. （わが社の資本金は転換社債の転換により，期中に 2 億2,200万円増加しました。）

銀行借入

利率	What is the interest rate on a 3-year bank loan? （3 年の銀行ローンの利率はいくらですか？）
担保	A small business is usually required to offer collateral for a loan.

	（小企業はたいてい，融資に対して担保を求められます。） ☞be required to ～　～することを求められる
残高	What is the amount of current maturities of long-term bank debt at the fiscal year-end? （事業年度末に 1 年以内返済となる長期借入金 はいくらですか。） ☞current maturities　長期負債で 1 年以内に返済期日の到来するもので流動負債に計上します。
銀行関係	We maintain good relationships with a total of fifteen financial institutions, therefore, our liquidity risk is limited. （金融機関の15社と良好な関係を保っていますので，流動性リスクは限定的です。） ☞liquidity risk　流動性リスク。この場合は緊急時に必要な資金が得られるかというリスク
未使用のコミットメントライン	Sony believes that it continues to maintain sufficient liquidity through access to a total of 716.8 JPY billion (5,876 million U.S. dollars) of unused committed lines of credit with financial institutions in addition to the cash and cash equivalents balance at June 30th, 2015. （ソニーは2015年 6 月末現在，現金および現金同等物に加え，金融機関に未使用のコミットメントライン7,168億円（58億7,600万米ドル）があることから，十分な手元流動性を維持していると考えております。） ［ソニーの決算発表より］
その他	Total interest-bearing debt, including commercial paper, bonds payable, short-term and long-term bank debt amounts to USD 2,500 million as of 31st of December 2016. （コマーシャルペーパー，社債，短期および長期の銀行借入を含めた有利子負債の合計額は2016年12月31日現在，25億米ドルになります。）

引当金

引当金繰入など	We booked JPY 500 million of provision for product warranties during the last fiscal year. The provision for product warranties is not deductible. （昨年度， 5 億円の製品保証引当金を繰り入れました。製品保証引当金の繰入は税法上，費用とは認められません。） ☞provision for product warranties は P/L 勘定 　deductible　税法上費用と認められる，損金算入できる
	The industries that are allowed to record allowance for sales returns are limited to publishers, pharmaceutical wholesales and others. （返品調整引当金を引き当てることが認められるのは，出版業や製薬卸売業などの業界に限られています。）
	We have made a decision to book allowance for repairs from the next fiscal year onwards. （私たちは来年度から，修繕引当金を計上することにしました。）

☞税法上で現在損金計上が認められているのは，貸倒引当金と返品調整引当金のみです。

その他の負債

預り金	Deposits received include withholding taxes and social insurance premiums collected from employees. （預り金には従業員から集めた源泉税や社会保険料が含まれています。）
未払費用	Accrued interest on the outstanding bank debt amounts to US 5,500 dollars. （既存の銀行借入に係る未払利息は5,500米ドルになります。）
未払法人税	How much was the income tax payable at September-end? （9月末の未払法人税額はいくらでしたか？） ☞income tax payable　未払法人税 = accrued income tax
前受収益	Unearned revenue is a balance sheet account. （前受収益はバランスシート項目です。）
未払金	Other payable is usually an unpaid debt resulting from non-operating activities. （未払金は通常，営業外の活動から発生する負債です。）
リース債務	Lease obligation is booked as a current liability. （リース債務は，流動負債として計上されます。）
繰延税金負債	Deferred taxes liability is a tax liability that a company owes and does not pay at that current time though it will be responsible for paying it at some point in the future. （繰延税金負債は企業が負っているが現時点で支払うものではありません。将来のある時点で支払う責任があります。）

株，株式等

株券	There are no materialized stock certificates in Japan with regard to listed companies. （上場会社について形のある（紙ベースの）株券はありません。）
株式数	The average number of outstanding shares during the period stood at 113 million shares. （発行済株式数の期中平均は1億1,300万株でした。） ☞期中平均は期首と期末の数字を足して2で割ったものです。
自己株（自社株）	Repurchase of treasury stock is exercised as a means to help raise stock price （自社株の買戻は株価を上昇させる手段として行われます。）
配当	The company decided to pay a year-end dividend of 6 yen per share. （当社は1株当たり6円の期末配当をすることに決めました。）

連結

連結の範囲，グループ	Taiyo Bussan consolidates one subsidiary. （太洋物産は子会社 1 社を連結しています。）
	The Mazda group consists of Mazda Motor Corporation, 58 consolidated subsidiaries and 13 equity method-applied affiliates (as of March 31st, 2016). It is mainly engaged in the manufacturing and sales of automobiles and automotive parts as well as other automobile-related businesses. （マツダグループはマツダ自動車と連結子会社58社と持分法適用会社13社から構成されており（平成28年 3 月現在），主に自動車および自動車部品の製造販売，および自動車関連事業を行っております。） ［マツダの決算発表より］ ☞ equity method-applied affiliates　持分法適用会社
	Lotte Group is a South Korean-Japanese industrial conglomerate with businesses expanding from foods and entertainment to real estate, logistics, construction, etc. （ロッテグループは韓国と日本にまたがる巨大な多角経営企業で，その事業は，食品や娯楽から，不動産，物流，建設などに及んでいます。） ☞conglomerate　複合企業，他業種にわたる企業グループ
連結消去	Intercompany transactions, i.e. transactions between the parent and its subsidiaries are elimilated in consolidation. （内部取引，すなわち親会社と子会社間の取引は連結において消去されます。） ☞intercompany transactions　会社間取引，内部取引 　eliminate　消去する
	The parent company's investment in a subsidiary and the subsidiary's stock that is held by the parent company as shareholder equity must be eliminated. （親会社の「子会社株式」勘定と，親会社が有する子会社の株主資本の部分は消去されなくてはなりません。）
連結財務諸表と個別財務諸表	Consolidated financial statements are currently primary statements in financial reporting in Japan. However this was not the case 30 years ago when individual financial statements were primary statements. （連結財務諸表は，現在日本の財務報告において主たる報告書ですが，30年前はそうではなく，個別財務諸表が主たる報告書でした。）

子会社，関連会社など

子会社	Orangina Schweppes Holdings B.V. is a wholly owned subsidiary of Suntory Holding Limited. （オランジーナシュエップスホールディングス B.V. はサントリーホールディングスの全額出資の子会社です。）

	☞wholly owned　完全所有の，全額出資の
完全子会社化	The company acquired the remaining 40% stake in Tenma Corporation in March 2017, and it became a wholly owned, consolidated subsidiary. (その会社は2017年3月にテンマコーポレーションの残りの40%の株式を取得し，テンマコーポレーションは完全所有の連結子会社となりました。)
関連会社	The affiliate is accounted for under the equity method in consolidated financial statements of the ABO Corp. (その関連会社はABO社の連結決算書の中で持分法によって記載されています。)
その他	Johnson Controls Hitachi Air Conditioning was established on October 1st, 2015 as a joint venture between Hitachi Appliances, Inc. and Johnson Controls, Inc. (ジョンソンコントロールズ日立空調は，2015年10月1日に日立アプライアンスとジョンソンコントロールズによって設立された合弁会社です。) ☞joint venture　合弁会社 　合弁会社は2社がそれぞれ資本金の50%を出資する場合が多いです（この場合は40〜60%の出資）。
	Our Hong Kong subsidiary is not a profit center. (わが社の香港子会社はプロフィットセンターではありません。) ☞profit center　利益をあげる目的の会社　海外とのつなぎの役目を持ち，特に利益をあげることを目的としない会社の場合などにIt is not a profit center. などと使います。

企業買収

合併	The planned merger of Dow Chemical and Du Pont is expected to create a chemical giant in the US. (ダウ・ケミカルとデュポンの合併で，米国に巨大な化学会社が誕生することが期待されています。) ☞cf. merger on an equal footing　対等合併
買収	Softbank agreed to acquire a UK semiconductor company, ARM Holdings for 24.3 billion pounds. (ソフトバンクは英国の半導体会社，ARMホールディングスを243億ポンドで買収することに合意しました。)
	Nippon Steel and Sumitomo Metal Corporation purchased shares of Nisshin Steel to reach the ownership ratio of 51% of the total number of outstanding shares. (新日鉄は，日新製鋼の株式を買い，発行済株式数の51%を所有するに至りました。)
敵対的買収	China Vanke, the largest real estate developer in China, suffered the

very first hostile TOB in China in December 2015. A consortium of three companies including Baoneng accumulated 23% stake in Vanke.
（万科集団は中国最大の不動産会社ですが，2015年，中国で最初の敵対的買収を仕掛けられました。宝能とそのグループ会社3社とで万科の株式を23%買い集めたのです。）
　　☞TOB = takeover bid　株式公開買付

株式分割	Sky Airline conducted a stock split of common stock at a ratio of two shares for every share in 2017. （スカイ航空は2017年，普通株式を，1株につき2株の割合で株式分割しました。） 　　☞at a ratio of ～　～の割合で

デリバティブ

リスク	We have a policy to make use of derivative products in order to reduce currency risk and interest rate risk. （わが社は為替の変動リスクや金利の変動リスクを緩和させるためにデリバティブ商品を使うことにしています。） 　　☞currency risk　為替リスク 　　　interest rate risk　金利リスク
	We made forward contracts with First Bank to buy USD 5,000 at a fixed rate of JPY 110 per dollar monthly in accordance with actual monthly payment needs. （月々の支払のニーズに合わせて，毎月5,000米ドルを，1ドル110円で買う為替予約の契約を第一銀行と交わしました。）
	One of our small suppliers has entered into an interest rate swap transaction with one of its main banks to hedge interest rate risk. （わが社の仕入先の1社が，金利リスクのヘッジ手段として，主要銀行の一行と金利スワップを始めました。）
ISDA マスター契約	Please review the attached ISDA Master Agreement we amended, and sign it if there are no more issues at your end. （我々が修正した添付のISDAマスター契約をお読みいただき，貴社に問題がなければサインをお願いいたします。） 　　☞amend　修正する
	Section 5 of the ISDA Master Agreement contains the "Events of Default" and the "Termination Events". （ISDAマスター契約のセクション5には「債務不履行事由」と「解約事由」が書かれています。）
	We are afraid that we might breach one of the financial covenants at the end of the current fiscal year. （今年度末に財務制限条項の1つに違反する可能性があることをお伝えいたします。）

CSA	We provide certain securities to your bank as collateral for the negative exposure of our outstanding CRS under the CSA agreement. （わが社は貴行に対し，CSA に基づいてカレンシースワップのマイナスの評価額に対して有価証券を担保に差し出しています。） ☞CRS = currency swap　カレンシースワップ 　CSA = Credit Support Annex　OTC デリバティブの担保契約
	Margin was called and additional collateral was submitted. （マージンが要求され，追加担保が差し出されました。）
	Due to a change in collateral valuation methodology at our bank, the minimum collateral amount declined dramatically. （弊行の担保評価の方法の変更により，最低担保額は大幅に減額されました。）
法務	Threre are still some legal issues with one of our counterparties in derivative transactions. （デリバティブ取引の顧客の1社とまだ法的な問題がいくつか残っています。） ☞counterparty　カウンターパーティ，取引の相手先
	Mr. Takeuchi is one of the in-house lawyers for Takeda Corporation. （竹内氏はタケダコーポレーションの社内弁護士の1人です。） ☞in-house　社内の

その他

現在価値に関連して	The discounted cash flow (DCF) analysis represents the net present value (NPV) of projected cash flows available to all providers of the capital net of cash needed to be invested for generating the projected growth. （割引キャッシュ・フロー分析は，投下資本の将来のキャッシュ・フローの正味現在価値から，期待収益を生み出すために投資するキャッシュを差し引いて行います。） ☞net of ～　～を差し引いた
リース会計	The present value of the minimum lease payments is equal to or greater than 90 % of the fair value of the asset at the inception of the lease. （最低リース料の現在価値は，リースの開始時の資産の公正価格の90%またはそれ以上です。）
退職給付会計	The term 'return on plan assets' refers to dividends, interest and capital gains and losses generated by the assets held in a company's pension fund. （「年金資産の運用収益」とは，企業の年金ファンドの資産から生まれる配当や利息やキャピタルゲインやロスのことです。）
	Service cost refers to the present value of the projected retirement

benefits earned by employees in the current period.
（勤務費用は，今期従業員が稼いだ退職給付金の現在価値にあたります。）

債権の流動化	We will create an SPC by the end of this fiscal year so that we can assign a majority part of our receivables to the SPC. （今年度末までに特定目的会社を設立し，わが社の売掛金の大部分を特定目的会社に譲渡する予定です。） ☞assign　譲渡する
不動産ファイナンス	There are many foreign investors who would like to invest in large office buildings in good locations of the Tokyo Metropolis. （東京都内の立地の良いところにあるオフィスビルに投資をしたい外国人投資家は多数います。）
偶発債務	There are no subsequent events to be disclosed. （公開する後発事象はありません。） ☞ subsequent event　後発事象
	There are currently no significant pending lawsuits, arbitration, or other legal proceedings that may materially affect the financial position or results of operations of the Company and its subsidiaries. （当社およびその子会社の財務状況や業績に重大な影響を及ぼすような未解決の訴訟やその他の法的手続等は現在ありません。） ［伊藤忠のアニュアルレポートから抜粋］
訴訟	Sumitomo Electric Industries Ltd. agreed to pay USD 50 million to exit multidistrict litigation brought by U.S. car dealerships and their customers. （住友電工は米国のディーラーとその顧客が起こした広域係属訴訟を終結させるために5,000万米ドルを支払うことに合意しました。） ☞multidistrict　広域係属の
担保に供する資産	Our marketable securities, worth approximately JPY 200 million, are pledged as collateral for USD 1 million of outstanding long-term bank debt. （およそ2億円の有価証券が，100万米ドルの長期借入の担保として供されています。）

報告書

有価証券報告書	The Annual Securities Report（Yuka Shoken Hokokusho）is submitted to the Director of the Local Finance Bureau within three months after the end of the fiscal year. （有価証券報告書は，事業年度が終わって3か月以内に地方財務局長宛てに提出します。）
四半期報告書	We have to make the 1Q statements by the end of July 15th. （7月15日までに第1四半期報告書を作成しなくてはなりません。） ☞1Q = the 1st quarter　第1四半期

比較決算書	Please provide us with the comparative balance sheet, so that we can understand the changes in each account item. （各科目の増減を把握させていただきたいので，比較貸借対照表のご提示をお願いいたします。） ☞comparative balance sheet　2期分の付いた貸借対照表）
大量保有報告	Japan's substantial shareholding reporting system requires a person or entity to file a Substantial Shareholding Report if it becomes a beneficial holder of more than 5% of the shares or other equity securities of a listed company. （日本の大量保有報告制度では，上場会社の5％超の株式または持分証券を保有した個人または企業は，大量保有報告書を提出する必要があります。）
アニュアルレポート	This annual report presents the results of Nissan Motor Corporation's business activities for fiscal 2016. It is also provides an opportunity for investors to deepen their understanding of the Nissan management team. （このアニュアルレポートは日産自動車の平成28年度の決算の結果をご紹介するとともに，投資家の皆様に日産自動車の経営陣へのご理解を深めていく機会を提供いたします。） ［日産のウェブサイトから］

統合報告

統合報告	This is a comprehensive report to convey messages from management and to report on management strategies and business activities, as well as to explain "Mitsui's corporate social responsibility (CSR)" to all stakeholders. （すべてのステークホルダーの皆様に，当社の経営戦略と事業概況，持続的な価値創造に関する取り組みをご理解いただける統合レポートとして作成しています。） ［三井物産のウェブサイトから］
	Integrated reporting is not just the comprehensive reporting of financial information and non-financial information. It is a process of providing insight regarding the resources and relationships used or affected by an organization. （統合報告とは単に財務情報と非財務情報との包括的な報告ということではありません。組織が活用し影響を与える資源や関係性に知見を与えるプロセスです。）

186

第 2 部

コーポレート・ガバナンスの英語

コーポレート・ガバナンスを中心に，企業の組織や機関設計，内部統制，リスク管理，企業の社会的責任など，企業の在り方について考察し英語を用いて解説します。監査報告書，ウェブサイト，アニュアルレポート，統合報告書などで実際に使われている英文も織り交ぜながら解説しますので，すでに英語力のある方でも参考になるものと思います。

会社の設立および株式会社の機関設計

定款　articles of incorporation

　定款は「会社の憲法」と呼ばれることがありますが，会社を設立する際に必ず作成し，法務局（Legal Affairs Bureau）に登記申請をしなくてはなりません。定款には，会社の目的（purpose），商号（trade name），所在地（address），発行可能株式総数（total number of authorized share）など，設立する会社の基本原則や活動内容を記載します。

The article of incorporation is a document prepared by the founder(s) of a corporation that describes the purpose, place of business, and other details of a corporation, and must be filed with the Legal Affairs Bureau.

　通常，定款の作成および会社設立の準備に関わるのは発起人（promotors）ですが，複数いる場合は発起人全員の署名捺印が必要で，公証人役場（notary office）の認証を受けなければなりません。発起人は会社の設立当初は出資者（株主）でもありますから，取締役（directors）を選任することになりますが，自分自身が取締役となって経営に携わるケースも多くあります。

　日本の株式会社の定款に記載すべき事項は，絶対的記載事項，相対的記載事項，任意的記載事項の3つです。

絶対的記載事項　absolute matters
（必ず記載しなければならない事項）
◇ 目的　purpose
◇ 商号　trade name
◇ 本店の所在地　place of principal office
◇ 会社の設立に際して出資される財産の価額またはその最低額　value or minimum amount of assets contributed at time of incorporation

◇発起人の氏名または名称および住所　name and address of each promoter
◇発行可能株式総数　total number of authorized shares

相対的記載事項　relative matters
(定款で定めておかなければ規則とならない事項)

◇変態設立事項（現物出資　assets to be contributed, 財産引受　assets to be assigned, 発起人の報酬　compensation of promotors, 設立費用　incorporation expenses）について決定した場合は必ず記載しなければなりません。
◇株式の譲渡制限に関する定め　restriction on stock transfer
◇取締役会　board of directors, 会計参与　accounting adviser, 監査役　company auditor, 監査役会　board of company auditors, 会計監査人　accounting auditors, 委員会の設置　など

任意的記載事項　voluntary matters
(会社が自主的に追加する事項)

◇事業年度（business year）に関すること
◇株主総会（general meeting of stockholders）に関すること
◇株式（shares）に関すること
◇配当（dividends）に関すること　など

　会社の設立後，定款に記載されている事項に変更があった場合，法務局への変更登記申請が必要となります。

参考

＜米国の定款＞

Certificate of incorporation/articles of incorporation　設立定款

　設立定款は会社設立の際に発起人が署名して，州務局（Department of State）に提出します。

By-law　付属定款

　付属定款は，会社が活動するにあたって従うべき事項を会社の内部規程として定めたものです。

189

株式会社　stock company, joint stock company

　株式会社は，会社の中でも最も多い形態です。株式（stock）を発行し資金を調達することによって経済活動を行います。

　株主（shareholders, stockholders）は会社を所有しますが，会社の経営は株主総会（general meeting of stockholders）によって選任された取締役（directors）がこれにあたります。「所有と経営の分離」（separation of ownership and management）が株式会社の大きな特徴といえるでしょう。つまり，**株式会社では「取締役」と「株主総会」を必ず設置しなくてはなりません**。必ず設置しなくてはいけない機関はこの2つだけで，「取締役会」，「監査役」，「監査役会」，「会計参与」などは定款に定めることで任意で設置することができます。また，後述するように，事業の規模が拡大して大会社や公開会社になると，さまざまな機関の設置が会社法で義務付けられています。

　日本の株式会社は，社名の最後に Co. Ltd.（Company Limited の略）を付けて株式会社を表すことが多く（特に定めはないのですが），Company は会社，Limited は有限責任の意味です。株主は出資した金額以上の責任は負わないので有限責任（limited liability）ということになります。つまり株主の損失は出資した額までということからも，株式会社の「所有と経営の分離」が成り立っているといえます。つまり，株主は会社を所有するけれども経営に携わらないという原則があればこそ，誰が株主になってもよいわけで，世の中から広く出資を募ることができるというわけです。

Limited liability is one of the major advantages of organizing a business as a corporation.

世界の会社―社名の後に付く略号の例

日本	会社名の前後に株式会社，有限会社，合名会社などが付されます。 英文の場合，株式会社や有限会社は社名の後に Co. Ltd. が付く場合が多く，また Co. Ltd. 以外には Corporation や Inc. などが使われます。
米国	Corporation や Inc.（株式会社），LLC（有限会社）
英国	PLC（公開されている株式会社），Ltd.（非公開の株式会社）
ドイツ，スイス	AG（公開されている株式会社），GmbH（非公開の株式会社）
フランス	S. A.（株式会社）
中国	有限公司（株式会社）
マレーシア	BHD（公開会社），SDN BHD（非公開会社）
シンガポール	PLC（公開されている株式会社），Pre. Ltd.（非公開の株式会社）
韓国，タイなど	Co. Ltd.（株式会社や有限会社）

Going public と going private

　Going public とは，株式会社において株式を公開，すなわち証券取引所に上場して，多数の投資家から資金を調達することですが，これに対し going private は，株式の公開をとりやめ上場を廃止するという意味です。株式が市場で自由に取引できる状態から特定の株主の所有になるということで public から private に変わるというわけです。上場を廃止するのは不名誉なことと考えがちですが，必ずしもそうとは限りません。経営戦略の一環として上場を取りやめることがあるのです。例えば敵対的な買付（hostile takeover bid）から身を守るためや，投資家保護のための厳しい情報の公開を逃れるためなど，理由はさまざまです。持株会社を設立するため，それまで上場していた大企業が上場廃止となり，新しい持株会社が設立して上場するというケースも多々あります。
going public（上場する），going private（上場を廃止する）

取締役　director

　取締役は，すべての株式会社に置かれる役員です。

　伝統的な日本の株式会社において，取締役は会社の運営を行う経営者です。取締役は株主総会によって選出され，その任期は2年です。**会社の経営において義務と責任（duties and responsibilities）を株主から委託されています。**

　取締役の義務の1つで最も重要なものは，経営の専門家として会社に対し善良な管理者の注意をもって職務を行う義務，すなわち善管注意義務（duty of care of a good manager）です。また，他の取締役の業務執行について監視する義務があり，競業取引の制限，利益が相反（conflict of interest）するような取引についての制限もあります。

　もし経営の専門家である取締役が，経営において善管意義務を怠り，その結果会社が損失を被った場合，取締役は会社の損害額を賠償する責任を負わなくてはなりません。また，競業取引や利益相反取引によって会社が損害を被った場合も同様に，生じた損害を賠償する責任を負う場合があります。さらには，取締役に重大な過失があったときには，会社だけでなく，株主や債権者など第三者に対する損害賠償責任を負う可能性もあるのです。

　株式会社のうち非公開会社では取締役は1名でよいのに対し，公開会社では，3名以上の取締役を選出し，株主総会で承認されなくてはなりません。3名以上の取締役がいるということは，取締役会（board of directors）の設置が必要となり，それを監視する監査役（company auditor）も置かれることになります。

　近年，数々の企業の不祥事や巨額損失隠しなどの事件が発生したことから，経営の監督の強化が一層求められるようになりました。従来の日本企業の（取締役＝意思決定＋会社の経営）を見直し，会社の意思決定機関と業務執行とを分離し，業務執行を監督する機能を強化する組織づくりが進められています。特に大会社や公開会社については，後述するように，新会社法の制定以降，**意思決定と業務執行とを分離し，業務執行を監視する柔軟な機関設計が可能とな**

り，企業内部の統治能力がますます求められています。

代表取締役　Representative director

取締役のうち，株式会社を代表する権限を持つ者。商業登記された会社の代表です。代表といっても1つの会社に1名とは限らず，数名の場合もあります。代表権を持つということは，単独で会社を代表して契約などを行うことができるということです。

職責上の地位として代表取締役社長はRepresentative director and president と表記する場合が多く，代表取締役会長はRepresentative director and chairman，取締役副社長はDirector and Executive Vice President です。

その他の取締役の役職

専務取締役　Senior managing director

取締役のうち，代表取締役を補佐する役員です。

常務取締役　Managing director

一般的に専務取締役の下で，何もつかない取締役（director）の上にあたります（ただし，managing director は社長などの経営トップを指す場合も多々あります）。

社外取締役　Outside director

社外にいながら取締役を務める役員です。会社とは直接利害関係のない独立した有識者や他社の経営経験者などから選任される取締役で，**第三者の立場から会社の経営を監督する役目を持ちます**。就任前の10年間にその会社または子会社の業務執行取締役でない等のいくつかの条件を満たした場合に社外取締役と認められます。社外取締役も取締役ですので，他の取締役と同じように株主総会決議によって選任され，原則として同じ責任を負うことになります。2015年の改正会社法の施行以来，社外取締役をより積極的に活用する会社が増えています。

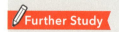

利益相反
conflict of interest

　利益相反行為とは，ある行為が一方の利益となると同時に他方の不利益となる行為のことです。利益相反行為は原則禁止とされていますが，一定の要件の下で認められる場合もあります。

Conflict of interest: the circumstance of a person who finds that one of his or her activities, interests, etc., can be advanced only at the expense of another of them.（from Dictionary.com）

＜取締役の利益相反＞
　取締役は，本来会社の利益のために忠実に働く義務がありますが，自らの地位を利用して自分自身または第三者の利益を図ろうとし，その結果，会社が損害を受ける可能性が生じる場合があります。取締役が利益相反行為に該当する行為を行う場合は，取締役会において承認が必要となります。もし承認を得ないで行われた利益相反行為によって会社に損害が生じた場合は，その損害に対して賠償責任を負うことになります。

A conflict of interest is any activity that is not consistent with the corporation's best interests. Directors should take all the responsible steps to avoid conflicts of interest within the corporation.

＜金融機関の利益相反＞
　金融機関が提供したサービスにより，金融機関は利益を得るものの，サービスを受けた顧客が損失を被るようなことがある場合，このサービスは利益相反のおそれのある取引とみなされます。また，金融機関の顧客の中で，顧客間の利益が競合したり対立したりする状況も出てきます。金融機関は，金融商品取引法の下で，このようなことが起こらないよう利益相反管理方針を定め，管理全般を統括する利益相反管理責任者を設置し，そしてその独立性を維持できる組織作りを指導します。

ex) As a global financial service provider, XYZ Bank is involved in many activities that may conflict with the interests of its clients. XYZ Bank has procedures in place to protect the interests of the client from conflicts that could arise from the bank's services.

経営判断の原則　Business judgement rule

　株式会社の取締役などが経営上，相当の注意を払って職務にあたり合理的で適正な判断を行う場合には，結果として会社が損失を被り，後に誤った判断とされたとしても，取締役などはその損失について責任を負わないというルールがあります。これが経営判断の原則 business judgement rule というものです。この原則の背景には，ビジネスの世界には本来リスクがあり，会社が損失を負うたびに経営を司る者が損失の責任を負わされては，会社を発展させるためにリスクを取ることができなくなってしまうからです。ではどんなときに取締役などに損害賠償を負わせることができるかというと，それは経営者が善管注意義務を怠り過失（negligence）があると認められた場合です。

The business judgment rule assumes that the directors or officers of a corporation will act in the corporation's best interests, unless proven otherwise.

株主総会　stockholders' general meeting

　株主総会は，株主（stockholders）によって構成される株式会社の内部の最高意思決定機関（highest decision-making organization）です。とはいっても，業務の執行については取締役などの経営陣に任せることになります。では株主総会は何を決議するかというと，通常，監査済み計算書類の承認，取締役や監査役の選任および解任に関する事項，株式配当など株主の重要な利益に関する事項，その他定款の変更，資本の減少，合併など，会社に重要な変更が生じる事項についてです。

　株主総会は定時総会（annual and ordinary general meeting）と臨時総会（extraordinary general meeting）があり，**定時総会は，1年に1度，事業年度の後3か月以内に開催され，主に決算書に関する決議がなされますが**，あわせて取締役・監査役の選任や彼らの報酬などについても決議します。また，臨時総会は緊急の議題について討議するため，必要に応じて開催されます。いずれの総会も，決議は議決権を行使することができる株主の議決権の過半数（majority）を有する株主が出席し，出席した当該株主の議決権の過半数をもって行うとされています。

　日本は3月に事業年度の終わる企業が多く，定時株主総会は6月の中旬から下旬に集中しています。

An annual general meeting of stockholders is a mandatory yearly gathering of a publicly traded company's officers, board of directors and shareholders. It is held within three months from the end of the financial year. The shareholders vote for approval of the audited accounts, election of directors and the matters affecting the operation of the company.

株主総会招集通知の例

Dear shareholders

Please be advised that the 148th Ordinary General Meeting of Stockholders of Komatsu will be held in accordance with the particulars indicated in the attachement hereto. Your attendance at the meeting is cordially requested.

（コマツは第148回定時株主総会を下記のとおり開催いたします。ご出席くださいますようお願い申し上げます。）

［コマツ（正式名称は小松製作所）の株主総会招集通知より］

取締役会　board of directors

　取締役会は，すべて取締役で構成される，会社の意思決定機関であり，また，職務執行の監督の機関です。取締役会での決議事項には，代表取締役（representative director）の選任，監査役（company auditor）の選任，株主総会（stockholders' general meeting）の招集（臨時総会の場合），新株の発行，準備金の資本金組入，社債発行などがあります。取締役会は，定款または取締役会で定めた取締役がこれを招集し，取締役の半数以上が出席しその過半数をもって決議されます。

　2006年の会社法施行により，取締役1名でも会社を設立できるようになり，取締役会は任意の機関となりましたので，取締役会のない会社は数多く存在します。もし取締役会を設置する場合は，定款に定めることで設置が可能となります。一方，公開会社は，3名以上の取締役を置かなくてはならず，取締役会の設置義務があります。

The board of directors is a governing body (called the board) of an incorporated firm. Its members (directors) are elected normally by the stockholders of the firm generally at an annual general meeting to govern the firm and look after the stockholders' interests. The board has the ultimate decision-making authority and, in general, is empowered to (1) set the company's policy, objectives, and overall direction, (2) adopt bylaws, (3) name members of the advisory, executive, finance, and other committees, (4) hire, monitor, evaluate, and fire the managing director and senior executives, (5) determine and pay the dividend, and (6) issue additional shares. (from BusinessDictionary.com)

取締役会の任務の例

The Board of Directors is Mitsui & Co.'s ultimate decision-making body for business execution and oversight. To ensure that those functions are fulfilled, Mitsui appoints no more than the number of directors necessary to enable effective deliberations, and conducts an annual assessment of the Board in order to validate its effectiveness. The summary result of this assessment is disclosed.

（取締役会は，経営執行および監督の最高機関であり，その機能の確保のために，当社は取締役の人数を実質的な討議を可能とする最大数にとどめるものとしていると同時に，取締役会の実効性について，分析・評価を実施し，その結果の概要を開示しています。）

［三井物産のウェブサイトより］

監査役　company auditor

監査役とは，取締役の職務の執行を監査する会社の役員です。

取締役から独立した役員で，代表取締役などから指示を受ける関係ではありません。株主総会で選出され，株主から委任されて，企業の健全で持続的な成長を確保するため，取締役の職務執行を監査します。任期は4年です。

監査役の主な職務は，職務の執行の監査ですが，具体的には業務監査（operating audit）と会計監査（financial audit, accounting audit）があります。業務監査では，適法性監査とも呼ばれますが，取締役の職務執行に違法性がないかをチェックします。また，会計監査では，株主総会に提出される会社の計算書類および附属明細書を監査します。業務監査と会計監査の結果は，監査役の監査報告書（audit report）にまとめ，株主総会に提出する義務があります。

監査役を置くという監査役制度は，2006年の会社法施行以来，定款によって定める任意の制度となっています。よって非公開企業では監査役を置く会社もあれば置かない会社もあります。また，取締役会を置き，会計参与（accounting advisor）を置いている会社は，監査役を設置しなくてもよいことになっています。

なお，**監査役制度は日本独自の特性を持つ制度**であり，監査役を英文にする際にauditorと使った場合，「監査法人」や「会計監査人」，あるいは「内部監査人」と混同することは避けられません。公益社団法人日本監査役協会では，これらの事情を踏まえ検討した結果，監査役をaudit and supervisory board memberとし，監査役会をaudit and supervisory boardとすることを奨励しています。Auditという職務を表す言葉は使用していますが，auditorというまぎらわしい言葉は避けたほうがよいという見解と思われます。いずれにしても監査役，監査役制度について，海外の人々には十分な説明をする必要があるということです。

監査役会設置会社
company with audit and supervisory board

　監査役会設置会社とは，監査役会（board of company auditors, audit and supervisory board）を置く会社のことです。監査役会は，監査役の監査の権限と独立性を強化する目的で設置される機関であり，取締役の業務執行の監視が主な役割となります。

　監査役会は，最低1名の常勤監査役を含めた3名以上の監査役から構成されます。独立性を保つため，監査役の半数以上は社外監査役（outside company auditor）でなくてはなりません。監査役会の業務は，①監査報告の作成，②常勤の監査役の選定および解職，③監査の方針，会社の業務および財産の調査方法ならびにその他の監査役の職務執行に関する事項の決定などがあります。

　大会社または公開会社で，「監査役会設置会社」になることを選択した場合，後述する2つの設置会社，すなわち「指名委員会等設置会社」と「監査等委員会設置会社」は選択しないことになります。大会社でも公開会社でもない会社は監査役および監査役会を置くのは任意です。

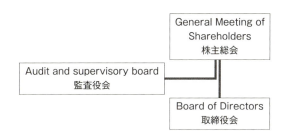

社外監査役　outside company auditor
　監査役会設置会社では，取締役の業務の監視を強化するため，監査役の半数以上が社外監査役でなくてはなりません。就任前の10年間にその会社または子会社の取締役，執行人，会計参与や社員でないことが条件となります。

指名委員会等設置会社
company with nominating committee and others

　指名委員会等設置会社とは，取締役会の中に指名委員会（nominating committee），監査委員会（audit committee）および報酬委員会（compensation committee）の委員会を設置する株式会社のことをいいます。2003年に施行された改正商法で導入され，2015年に施行された改正会社法において，「委員会設置会社」から「指名委員会等設置会社」という名称に変更されました。業務の執行と業務の監督を分離するための1つの機関設計で，米国型のコーポレート・ガバナンスを意識した形態といえます。

　指名委員会等設置会社では，取締役が，①指名委員会，すなわち株主総会に提出する取締役の選任や解任に関する議案の内容を決定する権限を持つ機関，②監査委員会，すなわち取締役や執行役などの職務遂行を監視する機関，③報酬委員会，すなわち取締役や執行役の報酬の内容を決定する権限を持つ機関という3つの委員会の活動などを通じて経営の監督を行います。どの委員会も3名以上の取締役で構成され，そのうち社外取締役（outside directors）が過半数を占めなくてはいけません。

　指名委員会等設置会社では，取締役は業務の監督に専念することになり，執行役（executive officer）が業務の執行を行います。執行役は取締役会で選任され，また，執行役の中から代表執行役（representative executive officer）が選任されます。**代表執行役が会社の代表となりますので，指名委員会等設置会社では「代表取締役」は存在しないことになります。**

　指名委員会等設置会社では，監査役も存在しません。通常の会社で監査役が行う監査業務を監査委員会が行うからです。また，指名委員会等設置会社は，会計監査人（accounting auditor）を常に設置しなければならないことになっていて，公認会計士または監査法人のみが就任することが可能です。

指名委員会等設置会社の委員会の役割

委員会	指名委員会 (nominating committee)	監査委員会 (audit committee)	報酬委員会 (compensation committee)
役割	取締役の選任や解任に関する議案の内容を決定	取締役，執行役および会計参与の職務執行の監査報告の作成，会計監査人の選任，解任ならびに不再任に関する議案内容の決定	取締役，執行役および会計参与の個人別の報酬内容を決定
構成	3名以上の取締役，うち過半数は社外取締役	3名以上の取締役，うち過半数は社外取締役	3名以上の取締役，うち過半数は社外取締役

関連用語

執行役　executive officer

- 業務の執行を担う役職で，「指名委員会等設置会社」を選択した会社では必ず置かなければならない義務があります。
- 執行役は，指名委員会等設置会社ではない株式会社における業務執行取締役に相当します。
- 執行役の中で，代表執行役（representative executive officer）は会社の代表です。代表権を持つという意味で，指名委員会等設置会社ではない会社の代表取締役に相当します。
- 執行役と取締役は兼任することができ，実際にも兼任している場合が多く見受けられます。
- **執行役員制度の「執行役員」**（p.206参照）**とは異なり，執行役は会社法で定められた役職です。**

社外取締役　outside director

　「指名委員会等設置会社」では，指名委員会，監査委員会，報酬委員会のそれぞれは3名以上の委員（取締役）で構成され，過半数は社外取締役でなくてはいけません。委員会の兼任は可能ですので，1名の取締役と2名の社外取締役で3つの委員会の設置が可能となります。

　また，後述の「監査等委員会設置会社」では，監査等委員会の委員（取締役）のうち，過半数は社外取締役でなくてはなりません。

203

監査等委員会設置会社
company with audit and supervisory committees

　監査等委員会設置会社とは，社外監査役（outside company auditor）が過半数を占める監査役会に代えて，**社外取締役（outside directors）が過半数を占める監査等委員会を設ける会社**のことです。2015年に施行された改正会社法により，株式会社の新たなコーポレート・ガバナンス強化の機関設計として，この監査等委員会設置会社の選択が可能となりました。

　監査等委員会設置会社では，取締役会および会計監査人を置かなければなりませんが，監査役は置かれず，監査等委員会の監査等委員が監査を担います。監査等委員会は，監査等委員である取締役3名以上で構成され，過半数は社外取締役でなければなりません。**社外取締役は業務執行を行わず，業務の監督に専念することになります**が，取締役として議決権を持つため，業務執行を行う他の取締役（代表取締役社長をはじめとする業務執行取締役）と同等の立場で発言をすることが可能となります。

　また，監査「等」というのは，監査を担うことだけでなく，業務執行取締役を含めた取締役の人事，つまり指名や報酬に関して，株主総会で意見を述べる権利を持っていることを意味します。これらのことから，この機関設計の目的は，社外取締役による業務執行取締役に対する監督機能の強化ということが理解できます。また，指名委員会等設置会社と異なり，監査等委員会以外の委員会の設置は不要ですので，より選択しやすい機関設計といえるかもしれません。

大会社・公開会社の機関設計　まとめ

	監査役会設置会社	指名委員会等設置会社	監査等委員会設置会社
監査主体	**監査役会**	**監査委員会**	**監査等委員会**
構成要員	3名以上で過半数は社外監査役。要常勤者	3名以上で過半数は社外取締役。常勤者不要	3名以上で過半数は社外取締役。常勤者不要
選任	株主総会で選任	取締役会で選定	株主総会で選任
解任	株主総会で解任	取締役会で解職	株主総会で解任
任期	4年	1年	2年

業務の執行	取締役	執行役 （取締役との兼任あり）	業務執行取締役
選任	株主総会で選任	株主総会で選任	株主総会で選任
解任	株主総会で解任	株主総会で解任	株主総会で解任
任期	2年	2年	2年

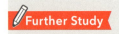

執行役員制度
executive officer system

　執行役員制度は，取締役とは別に，会社に業務執行に専念する執行役員を置き，取締役会が執行役員の業務執行を監督するという制度で，2003年の改正商法の施行以来，この制度を採用する企業があります。米国型コーポレート・ガバナンスの形態です。執行役員制度の執行役員は，取締役のような法的な位置付けはなく，取締役会から与えられた執行権限を用いて，業務の執行に専念することになります。意思決定と監督機関としての取締役会と，その意思決定に基づく業務執行機能を分離することで，双方の機能と透明性の強化を図ることを狙った制度といえます。

　業務執行に専念する執行役員の最高位は，最高経営責任者（Chief Executive Officer, CEO），業務上のトップは，最高執行責任者（Chief Operating Officer, COO），また，財務戦略およびファイナンスのトップは最高財務責任者（Chief Financial Officer, CFO）というように，米国にならって使われています。また，執行役員制度を導入しているわけではなくても，CEOやCFOを用いる会社もあります。例えば，代表取締役社長をCEO，財務部長をCFOとしたり，またある大企業では代表取締役会長がCEOを兼ねていて，代表取締役社長がCOOを兼ねているなどさまざまです。実際，商法で規定があるのは代表取締役と代表執行役だけですので，それ以外の社内の職務の肩書は会社の自由ということになります。

Officer: A person appointed by the board of directors of a firm, such as a president, CEO, vice president, etc., to manage the day-to-day business of the firm and to carry out the policies set down by the board. (from Business Dictionary.com)

＜関連用語＞
最高技術責任者　Chief Technology Officer（CTO）
　会社における技術または研究開発の最高責任者です。

最高情報責任者　Chief Information Officer（CIO）

会社における情報技術部門の最高責任者です。

最高マーケティング責任者　Chief Marketing Officer（CMO）

会社におけるマーケティングに関する最高責任者です。

参考

＜コーポレート・ガバナンス体制の例　日立製作所＞

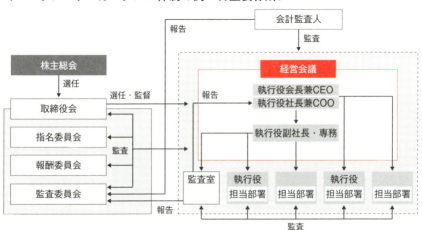

日立製作所は指名委員会等設置会社です。

2 コーポレート・ガバナンス（企業統治）

コーポレート・ガバナンス　corporate governance

　前項でもたびたび登場しましたが，コーポレート・ガバナンスとは，株主をはじめとする企業の利害関係者（stakeholders）が，利害（利益）を守るために，企業に影響力を与えて統制をしていくことです。具体的には，企業の不正行為を防止し透明性を高め，企業価値（corporate value）を最大化するために経営を監視する取り組みということができるでしょう。

　コーポレート・ガバナンスという概念が注目されるようになったのは1990年以降といわれています。その概念が生まれた背景には，企業は所有者である株主が期待する経営ができていないということ，それどころか，時には不正を働き，社会に欺く事件がしばしば起こったからです。

　その故，企業に規律を与え，健全で効率の良い経営を促すため，企業内の規程を設ける動きが活発になりました。その結果，本書でもこれまで触れてきましたが，情報公開，取締役と執行役の分離，社外取締役の導入，独立した委員会の設置，また，これから解説する内部監査やコンプライアンスの設置と強化など，コーポレート・ガバナンスの強化のための取り組みが活発になりました。

　しかしながら，コーポレート・ガバナンスに早くから取り組んでいたかのように見えた日本の大企業の不正が明るみとなり，歴代の3人の社長が辞任することになったT社の事件は記憶に新しいところです。この事件からも，コーポレート・ガバナンスはただ仕組みを取り入れていればよいのではなく，それを確実に機能させることで経営者の暴走を防止するとともに，健全な事業活動から利益を生み出す，持続可能性の高い企業となることが重要だという教訓を得ています。

Corporate governance: a framework of rules and practices by which a board of directors ensures accountability, fairness, and transparency in a company's relationship with all of its stakeholders (financial institutions, customers, management, employees, government and the community). (from Business Dictionary.com)

コーポレートガバナンス・コード（企業統治指針） Corporate Governance Code

　金融庁と東京証券取引所（Tokyo Stock Exchange）によって定められ，2015年6月より上場企業に適用を進めている企業統治の指針です。その主な原則は①株主の権利・平等性の確保，②株主以外の利害関係者との適切な協議，③適切な情報開示と透明性の確保，④取締役会等の責務，⑤株主との対話です。独立社外監査役を2名以上選出することが求められ，これを受け多くの企業が，有識者だけでなく，文化人や外国人などを起用するケースが見られます。また，取締役の多様性を確保するため，女性の活躍を促進する必要性についても触れています。この指針は法律ではありませんので従う義務はありませんが，従わない場合はその理由を説明しなくてはなりません（comply or explain rule）。

コーポレート・ガバナンスに関する報告書 corporate governance report

　東京証券取引所に定められた開示制度の一環として，コーポレート・ガバナンスについての会社の取り組みに関する基本的な方針について，上場企業が作成し提出する報告書のことです。各社の報告書は，東京証券取引所のウェブサイトから閲覧が可能です。

コーポレート・ガバナンス白書 white paper on corporate governance

　東証上場会社のコーポレート・ガバナンスの現状について東京証券取引所が取りまとめ，総合的な分析をし，結果を報告したものです。2007年以降，隔年で発刊されています。「コーポレート・ガバナンス白書2017」の分析対象会社数は3,507社となり，毎回増加傾向にあります。

スチュワードシップ・コード（機関投資家の行動規範） Stewardship Code

　2008年9月のリーマンブラザーズの破たん（負債総額6,130億米ドル）とその後の金融危機を振り返り，機関投資家のガバナンス欠如の反省から，2010年，英国の財務報告評議会（Financial Reporting Council，FRC）は，機関投資家

(institutional investors) のあるべき姿を規定したコードを策定しました。それが UK Stewardship Code です。この原則を受け入れる機関投資家は受入の表明（declaration of acceptance）ならびに責任を果たすための取組方針を表明することが求められました。

　日本においても2000年代半ばの円安進行時に，機関投資家が優良な中小企業に対して長期の金融派生商品（主に円ドルの通貨スワップ）を販売し，その後円高に転じたため数十億円もの損失を負わせる事態が相次ぎました。日本の金融庁はこうした状況を踏まえ，2014年4月，英国のスチュワードシップ・コードを参考にして，機関投資家向けの行動規範である「責任ある機関投資家」の諸原則を策定しました。これを日本版スチュワードシップ・コードと呼んでいます。英国のコードにならい，この原則を受け入れる機関投資家は，受入の表明ならびに責任を果たすための取組方針などを自らのウェブサイトで開示することが求められています。

責任ある機関投資家の7原則とは

原則1　機関投資家は，スチュワードシップ責任を果たすための明確な方針を策定し，これを公表すべきである。

原則2　機関投資家は，スチュワードシップ責任を果たす上で管理すべき利益相反について，明確な方針を策定し，これを公表すべきである。

原則3　機関投資家は，投資先企業の持続的成長に向けてスチュワードシップ責任を適切に果たすため，当該企業の状況を的確に把握すべきである。

原則4　機関投資家は，投資先企業との建設的な「目的を持った対話」を通じて，投資先企業と認識の共有を図るとともに，問題の改善に努めるべきである。

原則5　機関投資家は，議決権の行使と行使結果の公表について明確な方針を持つとともに，議決権行使の方針については，単に形式的な判断基準にとどまるのではなく，投資先企業の持続的成長に資するものとなるよう工夫すべきである。

原則6　機関投資家は，議決権の行使も含めスチュワードシップ責任をどのように果たしているのかについて，原則として，顧客・受益者に対して定期的に報告を行うべきである。

原則7　機関投資家は，投資先企業の持続的成長に資するよう，投資先企業やその事業環境等に関する深い理解に基づき，当該企業との対話やスチュワードシップ活動に伴う判断を適切に行うための実力を備えるべきである。

英国スチュワードシップ・コード
The UK Stewardship Code

Principle 1
Institutional investors should publicly disclose their policy on how they will discharge their stewardship responsibilities.
(機関投資家は，スチュワードシップ責任をどのように果たすかについての方針を公に開示すべきである。)

Principle 2
Institutional investors should have a robust policy on managing conflicts of interest in relation to stewardship which should be publicly disclosed.
(機関投資家はスチュワードシップに関連する利益相反を管理するために，堅固な方針を策定して公表すべきである。)

Principle 3
Institutional investors should monitor their investee companies.
(機関投資家は，投資先企業をモニタリングすべきである。)

Principle 4
Institutional investors should establish clear guidelines on when and how they will escalate their stewardship activities.
(機関投資家は，スチュワードシップ活動を強化するタイミングと方法について，明確なガイドラインを持つべきである。)

Principle 5
Institutional investors should be willing to act collectively with other investors where appropriate.
(機関投資家は，適切な場合には，他の投資家と協調して行動すべきである。)

Principle 6
Institutional investors should have a clear policy on voting and disclosure of voting activity.
(機関投資家は，議決権行使および議決権行使結果の開示について，明確な方針を持つべきである。)

Principle 7
Institutional investors should report periodically on their stewardship and voting activities.
(機関投資家は，スチュワードシップ活動および議決権行使活動について，委託者に対して定期的に報告すべきである。)

内部統制　internal control

　内部統制とは，企業の不正や不祥事を未然に防止し，企業の経済活動を効率的かつ有効的に機能させるため，企業内に整備する業務の手続やルールを構築することです。言い方を変えると，効率的で有効的な業務を行い，財務報告の信頼性を高め，資産の保全に貢献するために，企業内の業務のシステムを監視する体制を構築することといえます。

　もともと内部統制は，不正な財務報告の原因を把握し，不正な財務報告の発生を減少させることを目的に，1980年代あたりから主に米国で発展してきた概念です。日本においても，2002年に企業会計審議会によって大幅に改定された「監査基準」の中で，初めて内部統制の定義が与えられました。以降，監査の発展とともに徐々に一般企業にも浸透している概念です。

　実務レベルでの内部統制は，特に目新しいことではありません。企業には，先人の作った業務のプロセスの中に，人為的ミス（human errors）や不正（irregularities）をなくすために数字などを照合（reconciliation）する作業，権限を持つ者からの承認（authorization）を得るプロセス，業務の分掌化（segregation of duties），現預金や有価証券などの資産を保全（safeguarding of assets）する場合のルール等，さまざまな手続（procedures）やチェック機能があるはずです。そのような業務のプロセスをまずフローチャートにしたり（flowcharting），文書化（documentation）することで，内部の業務の実態を把握し，業務の流れのどの部分にミスが発生しやすいか，不正のできる状況にあるか見定めることができます。そうするとあとは新しいチェック機能を追加して，現状のシステムを補強します。また，実際にそのシステムが効率的かつ有効的に機能していることを定期的に確認する作業も必要となります。

　2006年に施行された会社法では，大会社に対し，取締役か取締役会による内部統制システムの構築についての基本方針の決定の義務化や，監査役による内部統制システムについて助言および勧告の義務，定款自治の拡大による内部統制の強化など，内部統制に関係する規定が多く盛り込まれました。また，後の金融商品取引法においても内部統制について記載され，特に内部統制報告書

（internal control report）の提出の義務に関する部分については，日本版 SOX 法と呼ばれています。

Internal control: systematic measures（such as reviews, checks and balances, methods and procedures）instituted by an organization to（1）conduct its business in an orderly and efficient manner,（2）safeguard its assets and resources,（3）deter and detect errors, fraud, and theft,（4）ensure accuracy and completeness of its accounting data,（5）produce reliable and timely financial and management information, and（6）ensure adherence to its policies and plans. An effective internal control system better ensures safe and sound operations, the integrity of records and financial statements, compliance with laws and regulations, a decreased risk of unexpected losses, etc.

内部統制報告書　internal control report

　2009年3月に事業年度の終わる会社（上場会社）から義務付けられた報告書です。社内に内部統制システムが構築され，有効に機能していることを経営者が確認したことを報告するものです。1～2頁のもので監査法人の監査を受け，有価証券報告書に添付して年に1度，地方財務局長（金融庁）宛てに提出します。

日本版 SOX 法　J-SOX

　金融商品取引法（2007年制定）の第24条の4の4第1項に定める**上場会社等における内部統制報告書の提出義務**，および，同第193条の2第2項に定める**提出する内部統制報告書に対する公認会計士または監査法人による監査証明の義務の部分を日本版 SOX 法**と呼んでいます（SOX は下記参照）。

米国 SOX 法，サーベンスオクスリー法，企業改革法　Sarbanes-Oxley Act（SOX）

　さまざまな呼び方がありますが，この法律の正式名称は，Public Company Accounting Reform and Investor Protection Act of 2002です。2001年のエンロン事件や2002年のワールドコム事件（いずれも不正会計により破たん）の後，投資家保護を最大の目的として企業会計の不正に対処するため，上場企業の財

213

務報告とそのプロセスに関して厳格に規制を与えた法律です。この法律を機に，米国ではコーポレート・ガバナンスの強化，適正な財務情報の提供とそのための内部統制の強化，会計監査制度の改革などが始まりました。日本でもこの法律を参考にして J-SOX が生まれました。

It was passed after a series of accounting scandals at Enron, WorldCom and Tyco International diminished public trust in U. S. corporations, and is designed to increase corporate accountability. The law established the Public Company Accounting Oversight Board (PCAOB), which oversees the auditors of public companies. Sarbanes-Oxley sets forth eleven specific reporting requirements that companies and executive boards must follow, and requires the Securities and Exchange Commission (SEC) to oversee compliance.

米国トレッドウェイ委員会組織委員会，コーソー　COSO（The Committee of Sponsoring Organizations of the Treadway Commission）

　1992年に最初に内部統制の総合的枠組み（1992 COSO Framework，通称 COSO レポート）を作成した組織です。COSO レポートは内部統制の定義を「経営活動に携わる人々の行動を統制し，人々が効率的かつ効果的に業務を行い，信頼できる方法で財務諸表を作成し，法律に違反しない仕組みを提供するもの」としました。また，内部統制の構成要素を①統制環境（control environment），②リスクの評価（risk assessment），③統制活動（control activities），④情報と伝達（information and communication），⑤モニタリング（monitoring activities）としています。

　その後，現代のビジネス環境の変化に合わせて，2013年5月には内部統制の統合的枠組みの改訂版（2013 COSO Framework，通称 COSO レポート）が公表され，内部統制の構成要素に関連する17の原則が示されました。COSO レポートは世界各国における内部統制の考え方の基礎となっていて，内部統制のグローバルスタンダードといえます。

内部監査部　internal audit department

　内部統制の機能をテストし向上させることを目的として働く社内の部署です。社内の各部署に出向き，業務プロセスの確認，内部統制機能のチェック，評価および改善策の提示などを行い，経営陣に直接報告します。また，監査法人の監査のときには窓口となり，社内の情報の収集など監査の手続を円滑に実施するためのサポートを行います。社内の監査スタッフを internal auditor，監査法人を external auditor と呼んで区別する場合があります。

コンプライアンス，法令遵守　regulatory compliance

　コンプライアンスは，「何かに従うこと」，「遵守」という意味ですが，企業に関して使う場合に「法令遵守」と訳され，現在では定着しています。

　企業は本来，公正で適正な経済活動を通じて社会貢献をしなければならないという社会的責任（social responsibilities）があります。経済活動を行う際，企業が守らなくてはいけないのは，法令はもちろんのこと，社会倫理や社内規程，業務マニュアルなどです。「コンプライアンス」とは，企業が法令，社会倫理，企業規範などを遵守して経済活動を行うという実現のための取り組みということができます。内部統制システムの構築の際には，企業の内部に有効的なコンプライアンスの機能を設けなければなりません。それはまた企業価値やブランドイメージを損ねないためにも重要なことなのです。

　企業が遵守すべき法律は，国内では，商法（会社法），独占禁止法，金融商品取引法，労働基準法，銀行法，放送法，建築基準法，食品衛生法，個人情報保護法などさまざまです。しかしながら，コンプライアンスの意識が企業に浸透しつつある現在でもなお，談合，手抜き工事，食品の材料や賞味期限の表示偽装，個人情報の流出，懸賞企画の景品表示法違反，クレームの隠蔽など，法律違反や企業倫理を問われる事件は後を絶ちません。企業という社会へ影響を与える大きな存在としての意識を持ち，より良い社会となるため，企業の使命と責任を果たしていくという，従業員1人ひとりの意識の向上こそが不可欠なのです。

Regulatory compliance is an organization's adherence to laws, regulations, guidelines and specifications relevant to its business. Violations of regulatory compliance often result in legal punishment

コンプライアンス違反の身近な事例

◇顧客情報のデータの入った会社のノートパソコンを社外に持ち出す
◇社員のデータを社外に持ち出す
◇退職した企業の機密情報を口外する

◇ 就業時間内に副業を行う

◇ 長時間労働やサービス残業

◇ 部下の有給休暇の取得を拒否

◇ 会社のパソコンで SNS を使用

◇ 顧客に対する不当な値引きやサービス

◇ 談合　など

　近年，企業のグローバル化に伴い，海外におけるコンプライアンスの問題が増加しています。法規制，商習慣，企業文化の異なる国々で事業展開をする際，その国その国で異なる法令や社員の意識と行動などを十分に理解しなければ，法律違反，不正，汚職などが発生する状況を生み出しかねません。海外子会社に対する親会社の監視体制だけでなく，海外子会社内の自律的な管理も急務になってきています。

コンプライアンス委員会　compliance committee

　企業内のコンプライアンスを統括する機関です。例えば，社員に対して，遵守すべき法令やその改正に関する研修を実施し，日々の取引の監視などを行っています。近年，設置する企業が増えています。

コンプライアンス・オフィサー　compliance officer

　コンプライアンス部の構成部員であり，社内の法令遵守の責任者です。

　また，法令遵守の最高責任者は Chief compliance officer です。

A specialist, usually a lawyer, employed by a corporation operating in a variety of fields and for multiple clients to ensure that no conflict of interest arises and that all obligations and regulations are complied with.

企業を取り巻く法規制（国内）

会社法
Corporate Law

　会社法とは，会社に関する法律で，2006年5月に施行された，会社のあり方を規定する比較的新しい法律です。この会社法が制定される以前，会社に関する法律は「商法」，「商法特例法」，「有限会社法」などいくつかに分散されており，そのため散在している条文を個別に拾って適用していましたが，会社法により一本化され，また，実質的にも大幅な改正がなされました。

　新「会社法」では，会社は株式会社（stock company）と持分会社（partnership）に大別され，持分会社は合名会社，合資会社，合同会社（limited liability company, LLC）の3形態となりました。それまでの有限会社と株式会社の制度が統合されたため，有限会社の設立はできなくなりましたが，株式会社は資本金1円からの設立が可能です。また以前は，株式会社には取締役3名以上，監査役1名以上が必要でしたが，取締役は1名置くことで足り（監査役は不要），役員の任期も最長10年までとなりました。

＜会社法における会社の形態＞

	株式会社	持分会社		
	株式会社	合同会社	合名会社	合資会社
出資者	1名以上	1名以上	1名以上	2名以上
出資者責任	有限責任	有限責任	無限責任	有限と無限あり
出資の金額	金銭とその他の財産（1円以上）	金銭とその他の財産（1円以上）	金銭とその他の財産／信用・労務の出資	金銭とその他の財産／信用・労務の出資
決算の公表	必要	不要	不要	不要
機関設計	株主総会 取締役1名（ただし公開会社および大会社には別の定めあり）	制約なし	制約なし	制約なし

その他，会社法では，定款で定められる事項の拡大，M&A などの手続の簡素化，大会社と公開会社にコーポレート・ガバナンス強化の機関設定の定め等，経営の透明化と効率化を図っています。また，2015年5月には改正会社法が施行され，経営の監督機能はさらに多様化しています。

金融商品取引法（金商法）
Financial Instruments and Exchange Act（FIEL）

金融商品取引法とは，以前の「証券取引法」を大幅に改正し，2007年9月に施行された法律です。さまざまな金融商品の取引について，投資者保護のルールの徹底と市場機能の向上，また，金融・資本市場の国際化を目指して制定された法律です。金融商品取引法の制定と同時に，金融商品に関する法律群（金融先物取引法，外国証券業者に対する法律，有価証券に関わる投資顧問業の規制等に関する法律など）は廃止され，金融商品取引法に統合されました。

この法律の制定により，規制対象の金融商品が拡大されると同時に，四半期ごとの報告の義務化や，内部統制の強化，公開買付規則，大量保有報告，インサイダー取引などの不正取引への厳正な対応など，上場企業などに対してより具体的な法的規制を与えることになりました。

The Financial Instruments and Exchange Act（FIEL）regulates activities related to securities and other financial instruments. It introduces a statutory quarterly reporting system, enhanced internal control over financial reporting, greater disclosure of tender offers and more frequent reports of substantial shareholding.

商　法
Commercial law

商法とは，商取引を規定する法律群のことで，通常，「会社法」を含めて商法と呼んでいます。現行の商法は1899年に制定されたもので，その後改正を重

ねて今日に至っています。

　2005年の商法改正（2006年施行）は，抜本的な改正であると同時に，新「会社法」の制定も行われました。以前，俗に会社法と呼ばれていた部分，つまり商法の第2編と，有限会社，商法特例法は廃止され，新しい1つの会社法に統合されたのです。また，それまでのカタカナまじりの文語体表記を改め，口語体表記となりました。最新の2008年の商法改正（2009年施行）では，保険法（Insurance Law）（保険業法とは異なる）の制定がありました。保険契約と同等の内容を有する共済契約をその規律の対象に含めて，保険契約一般についての新たな法律としたのです。

　もし会社法と商法とを分けて考えるとすると，2006年施行の会社法が制定されたことにより，商法は大幅に縮小されたといえます。もともと商法の大部分は会社に関する法律でしたから。

民　法
Civil law

　民法は，あまり商売には関係ないと思う人がいるかもしれませんが，決してそうではありません。実はビジネスや経営に関係の深い部分が多くあります。特別法である商法を読む前に，一般法である民法を読むことを勧める人も少なくありません。民法を読むと，取引の根本が見えてきます。

　民法は，1898年に施行された法典ですが，第一編「総則」，第二編「物権」，第三編「債権」，第四編「親族」，第五編「相続」となっています。「総則」では法人とはどういうものか，その設立（incorporation）から解散（dissolution）までが書かれていますし，「物権」（物を自由に支配する権利　real rights）では，占有権，所有権，先取特権，質権，抵当権などといった物権をあげ，それぞれについての取扱いを定めています。また，第三編の「債権」では債権の扱いと契約の方法について述べています。

　2017年6月に改正民法（債権）が公布されましたが，施行は2020年4月の予

定です。

個人情報保護法
Act on the Protection of Personal Information

　個人情報保護法は，個人情報（personal information）の正当な扱いを定めた法律で，2005年4月に施行されました。「個人情報の保護に関する法律」の略称です。インターネットなどの情報通信の急速な発展に伴い，個人情報の利用の拡大が進みましたが，同時に個人の権利利益の侵害の危険性も高まったことで，企業に対して個人情報の適正な取扱いを定めた法律です。

　この法律では，「体系的に整理された個人データを保有する企業」が「個人情報取扱事業者」として，この法律の対象になります。個人情報取扱事業者には，**個人情報の適正な管理，利用目的の明確化，不正取得の禁止**などが定められていて，また，本人による情報の開示，訂正，削除等の権利行使も認めています。施行から10年を経た2015年に，近年のIT化にあわせて個人情報についての定義の明確化など，一部改正が行われました。2016年にはマイナンバー制度が施行され，個人情報の取扱いについては今後一層規制が必要になる時代になることが予想されます。

マイナンバー法

　マイナンバー制度は，2016年1月に施行された改正マイナンバー法に基づいています。
　マイナンバー法とは，正式には「行政手続における特定の個人を識別するための番号の利用等に関する法律」（Act on the use of Numbers to Identify a Specific Individual Administrative Procedures）です。住民票を置くすべての人に12桁の番号（「マイナンバー」または「個人番号」）を与え，**社会保障，税，災害対策の分野で効率的に情報を管理**し，複数の機関に存在する個人の情報をまとめるために活用されるものです。行政を効率化し，国民の利便性を高め，公平かつ公正な社会を実現する社会基盤としてスタートしました。

この制度の目的は，所得や他の行政サービスの受給状況を把握して，負担を不当に免れることや給付を不正に受けることを防止すること，また，行政手続を簡素化して国民の負担を軽減することです。さらに，行政機関や地方公共団体などではさまざまな情報の照合，転記，入力などに要している時間や労力が大幅に削減されます。

　ところで，マイナンバーの導入により，マイナンバーを含む個人情報のことを「特定個人情報」と呼び，特定個人情報の扱いはとても厳格になっています。企業で働く従業員はマイナンバーの提出を求められますが，それは社会保障，税，および災害対策に関する事務に使用するためと限定されています。

Effective January 2016, your Individual Number is required for administrative procedures related to social security, taxes and disaster-related response.

　しかし，例外的に証券会社に新しく NISA や特定口座を作る場合にはマイナンバーの提出が求められますし，保険会社についても，保険金を受け取る際には提出が必要になります。また2018年1月から，口座を持つ銀行からもマイナンバーの提出を求められることになりました。

　ところでマイナンバー制度は国や地方公共団体，民間企業などにも適用されています。企業の場合は，13桁のいわゆる「法人番号」を，税務署や市区町村に提出する法定調書や各種届などに記載することになりました。個人番号と異なり，法人番号は今後広く活用されることが期待されています。

リスクマネジメント　risk management

　企業は，経済活動をするうえでさまざまなリスクに直面しています。

　競争，事故，災害，訴訟，制度の改正，株価や為替の変動，犯罪，風評など，企業に損失を生じさせるような要因は限りなくあり，時代とともに変化しています。しかし，それらのリスクを回避するための策を講じ，将来の損失を最小限に抑えるために統制することがリスクマネジメントです。

Risk management is the identification, analysis, assessment, control, and avoidance, minimization, or elimination of unacceptable risks. An organization may use risk assumption, risk avoidance, risk retention, risk transfer, or any other strategy (or combination of strategies) in the proper management of future events.

企業が直面するさまざまなリスク

事業リスク　business risk

　製品化に至るまでの技術的なリスクや，製品市場の不確実性からくるリスク，また，事業を取り巻く政治や経済のリスク，特に近年では海外での事業の運営にかかわるリスクなどが問題とされています。

市場リスク　market risk

　金利や為替の変動や有価証券等の価格変動など，市場取引の動向により保有する資産の価格が変動し損失が生じるリスク。金融機関などでは変動率（volatility）から投資資産に生じる最大の損失額を統計的手法など（Value at risk などの手法）で推計し，日々モニタリング（monitoring）を行います。

信用リスク　credit risk

　取引先が債務不履行となって損失を被るリスク。貸付，社債，株式，為替やデリバティブなどの取引の相手先リスクで，counterparty risk という場合もあります。金融機関などでは取引先から財務諸表を提出してもらい，これをベースに定量分析（quantitative analysis）および定性分析（qualitative analysis）を行い，A，B，C，D のような内部格付（internal rating）を付与

223

します。そして格付ごとにあらかじめ認められた信用限度枠（credit line）の範囲内で個別に信用限度枠を設定します。また，credit risk を補完するため企業から担保（collateral, security）の差入を求めたり，親会社の letter of guarantee（保証状）を求めることもあります。

流動性リスク　liquidity risk

株式や債券などを換金しようと思ったときに，市場ですぐに売れない，また，希望した価格で売れないリスクです。資産運用において市場性の少ない商品の場合や，市場の異常事態などで取引ができないなどの理由で換金できない場合などがあります。

法的リスク　legal risk

商品の法的取扱いや契約書の取扱いについて，さらに法的紛争を原因として企業が損失を負うリスクです。大企業などでは法務部（legal department）を設け，企業内弁護士（in-house lawyer）やパラリーガル（paralegal）と呼ばれる弁護士を補助する者が，訴訟（dispute）などに迅速に対応します。

内部統制リスク　internal control risk

企業内の業務が統制されていないリスク。企業内のあらゆるリスクを包含するといってもよいでしょう。

オペレーショナルリスク　operational risk

通常の業務の過程においてミスをすることから発生するリスク。使用するシステムに障害が起こる場合もこのリスクに含まれます。

決済リスク　settlement risk

決済日に何らかの事情で資金の受渡しなどの決済が予定どおり行われないリスク。支払能力がある場合でも事務ミスなどで決済できない場合があります。

風評リスク　reputation risk

企業についての否定的な評価や評判などによって企業の信用が低下し，その製品やサービスなどが売れなくなることで損失を被るリスクのことです。

危機管理対策
Crisis Management

事業継続計画　business continuity plan（BCP）

　事業継続計画（BCP）とは，企業が自然災害（natural disasters）やテロ（terrorism）などの緊急事態に遭遇した場合に，損害を最小限にとどめつつも，中核となる事業の早期復旧（early recovery）のために，平常時に行うべき対策などを取り決めておく計画のことです。2011年3月の東日本大震災（Great East Japan Earthquake）以降，多くの企業においてBCPの取り組みが本格化しました。

　BCPの策定では，企業が大地震，火災，台風，疫病の流行などの被害にあうことを想定し，通常の業務の遂行が困難になる場合でも，重要な業務は中断しないこと，万が一中断しても目標とする時間内に重要な機能を復旧させるための対応策を準備します。具体的には，バックアップシステムの整備，バックアップオフィスの確保，安否確認の迅速化，人員の確保，生産設備の代替などの対策を準備しておきます。また，定期的にテストや訓練を行い，いざというときにBCPが滞りなく実践できるような体制を整えておきます。

　Business continuity management（BCM）という類似する言葉がありますが，これは，緊急事態に事業継続を行うためのシステム構築と運用を含めた経営管理のことです。したがってBCPはBCMが機能してできた産物といえます。

コンティンジェンシープラン（緊急避難措置および計画）　contingency plan

　コンティンジェンシープランとは，企業が自然災害やテロなどの不測の事態を想定し，その被害や損失を最小限に抑えるために，あらかじめ対応方法や手順などを定めておく計画のことです。

　A contingency plan is an organized and coordinated set of steps to be taken if an emergency or disaster strikes.

監 査 audit, auditing

　企業会計における会計監査人による監査（audit）とは，通常，公認会計士や監査法人が，経営者の作成した企業の会計記録，会計処理，財務諸表または内部統制が適正であるかどうかの意見を表明するために，自ら入手した監査証拠に基づいて調査を行うことです。

An audit is the process of examination and verification of financial accounts and/or internal control reports of a corporation to ascertain that they are true and fair.

　監査の手続（audit procedures）としては，帳簿のもととなる書類の収集と確認，帳簿のチェック，預金通帳，有価証券，証書の実査，立合，担当者への質問，経営陣へのヒアリング，数字の分析等があります。監査を行う監査法人には独立性（independence）が求められます。つまり企業との間に利害関係があってはいけません。

監査の種類

財務諸表監査 financial statement audit
　企業会計における監査といえば，おおむねこの監査を意味します。財務諸表が適正に作成されているか否かの監査です。タイミング的には企業の貸借対照表日（決算日）が終わった後で，その期の財務諸表が完成する前に実施します。

内部統制監査 internal control audit
　企業は日常の業務を適正に進めていくため，組織立った手続を構築して内部統制を効かせますが，内部統制監査とは内部統制の強さを監査します。

IT監査 IT audit
　企業で使用するシステムの信頼性を調べる監査です。

事前監査 pre-audit
　監査の前の監査です。実地監査の前に監査法人が企業に資料を求めたりする

こともこれに含まれます。

監査の実施に関連して

実証手続，実証テスト　substantive test/substantive testing

　監査手続の一部で，勘定科目における重要な虚偽記載を検出する目的で行う検証のことです。各勘定科目の数字が，通帳，請求書，送り状，証書，契約書などの書類と一致していることを確認します。

A substantive test is an audit procedure to check for errors in the balance sheet and supporting documents.

サンプリング　audit sampling

　監査を行うといっても，企業の一事業年度の帳簿の100％をチェックすることはできませんので，取引や勘定科目の一部を抽出して監査手続を適用することになります。

アテステーション（立証）　attestation

　監査と区別する言葉です。例えば業績予想についてその合理性を立証するという行為は audit ではなく attestation です。

独立性が要求されない会計士の仕事

レビュー　review

　上場企業が作成する四半期報告書（quarterly financial statements）は監査をする義務はありません。そのため多くの企業は，監査より簡易的な手続を行います。レビュー報告書では限定的な保証（limited assurance）を "We are not aware of any material modifications that should be made to the financial statements." という文で表明します。

会計サービス，コンパイレーション　compilation

　企業が外部の会計士などに経理や会計処理のサービスを依頼する場合がありますが，それがコンパイレーションです。

227

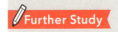

監査意見
audit opinion

監査意見とは，独立監査人 (independent auditor) や監査法人 (audit firm) が財務諸表監査 (financial statement audit) や内部統制監査 (internal control audit) を実施した後に表明する意見のことです。取締役会 (board of directors) や株主 (stockholders) 宛てに書かれた監査報告書 (audit report または auditor's report) の中で意見を表明します。

監査報告書は標準化されていて，監査の対象，経営者の責任 (management's responsibility)，監査人の責任 (auditor's responsibility)，監査の範囲 (scope of audit)，監査人の意見 (audit opinion) の順で記載されています。通常，財務諸表監査が終了してから数週間以内に作成され，上場企業の場合は金融商品取引法に基づいて財務諸表監査や内部統制監査を受けることになり，有価証券報告書に監査報告書を添付して提出することになっています。

監査意見には以下の4種類があり，監査人はそのいずれかを表明します。

無限定適正意見　unqualified opinion
財務諸表が会計原則に従っていることに心証が得られ，一定の保証 (reasonable assurance) を与えることができることを意味します。一般に公正妥当と認められる企業会計の基準に従っていて，「すべての重要な点において適正に表示している」旨を記載します。"The financial statements present fairly." という文が含まれます。

限定付き適正意見　qualified opinion
財務諸表の一部について，証拠の不足 (lack of evidence) や監査範囲の制限 (scope limitation) 等の理由により，監査人が満足できる監査ができなかった部分はあるものの，おおむね適正であるという意見です。文中に○○を条件として (subject to) や○○を除いて (except that) 等の断り書きが含まれます。

不適正意見　adverse opinion

監査において適正ではない事項が認められ，それが財務諸表に重要な影響を与える場合にはその理由を記したうえで，「適正に表示していない」旨を記載します。The financial statements do not present fairly. 一般に公正妥当と認められる企業会計の基準に従わず（departure from GAAP），財務諸表に与える影響の度合いが大きい場合には不適正意見となることがあります。

意見不表明，意見差控え　disclaimer of opinion

必要な監査手続を実施することができないなどの理由で，意見を表明できない場合には意見差控えとなります。"We do not express an opinion on the financial statements." 等の文言を監査報告書に入れることになります。また独立性（independence）のない監査人の場合なども意見を差し控えます。

An auditor's opinion is a certification that accompanies financial statements and is provided by the independent accountants who audit a company's books and records and helps produce the financial statements. The auditor's opinion will set out the scope of the audit, the accountant's opinion of the procedures and records used to produce the statements, and the accountant's opinion of whether or not the financial statements present an accurate picture of the company's financial condition. (from Investopedia)

Unqualified と qualified

監査を学ぶにあたり，多くの人は最初，unqualified opinion と qualified opinion とでは，qualified のほうが良いのではと思いがちのようです。Qualified は監査に合格したという意味かなと思ってしまう人が多いようです。しかし qualified は制限された，条件が付いたという意味があり，監査意見が qualified ということは marked，つまり記すべき点があったという意味です。ですからしるしのついた部分について監査人は満足していないという意味になります。逆に unqualified の意味は unmarked ですから，特に記す点はなく，監査人が監査した財務諸表について特に何も問題はなかったということで，適正に表示されていたという解釈になります。

監査報告書　Auditor's Report の例

Independent Auditor's Report

To: Board of Directors
    XYZ Company

We have audited the accompanying consolidated financial statements of XWZ company as of December 31st, 2017 and the related consolidated statements of income, comprehensive income, equity, and cash flows for the years then ended and the related notes to the consolidated financial statements.

Management's Responsibility for the Financial Statements
Management is responsible for the preparation and fair presentation of these consolidated financial statements in accordance with generally accepted accounting principles in Japan.

Auditors Responsibility
Our responsibility is to express an opinion on these consolidated financial statements based on our audits. We conducted our audits in accordance with auditing standards generally accepted in Japan. Those standards require that we plan and perform the audit to obtain reasonable assurance about whether the consolidated financial statements are free from material misstatements.

An audit involves performing procedures to obtain audit evidence about the amounts and disclosures in the consolidated financial statements. The procedures selected depend on the auditors' judgement, including the assessment of the risks of material misstatement of the consolidated financial statements, whether due to fraud or error. In making those risk assessment, the auditor considers internal control relevant to the entity's preparation and fair presentation of the consolidated financial statements in order to design audit procedures that are appropriated in the circumstances, but not for the purpose of expressing an opinion on the effectiveness of the entity's internal controls. Accordingly, we express no such opinion. An audit also includes evaluating the appropriateness of accounting policies used and the reasonableness of significant accounting estimates made by management, as well as evaluating the overall presentation of the consolidated financial statements.

We believe that the audit evince we have obtained is sufficient and appropriate to provide a basis for our audit opinion.

Opinion

In our opinion, **the consolidated financial statements referred to above present fairly** in all material respects, the financial position of XYZ Company and its subsidiaries as of December 31st, 2017 and the result of their operations and their cash flows for each of the years, in the period ended December 31st, 2017, in accordance with generally accepted accounting principles in Japan.

解　説

　上記の監査報告書は，監査法人が連結財務諸表（consolidated financial statements）の監査を実施し，無限定適正意見（unqualified opinion）を表明している標準的な報告書（standard report）です。

第1パラグラフ（introductory）

　最初のパラグラフでは，監査法人がXYZ社の2017年12月期の連結財務諸表について監査を行ったという事実を記載しています。

第2パラグラフ（management responsibility）

　ここでは，経営者は日本で一般に公正妥当と認められる会計基準に準拠して連結財務諸表を作成し，適正に表示することに責任があると述べています。

第3パラグラフ（auditor's responsibility）

ここでは，監査法人の責任は，監査法人が実施した監査に基づいて連結財務諸表についての意見を表明することであるということ，また，日本で一般に公正妥当と認められる監査基準に準拠して監査を行ったことが述べられています。

第4パラグラフ（scope of audit）

ここでは監査の範囲について具体的に記述しています。監査では連結財務諸表の金額および開示について監査証拠を入手するための手続を実施。その手続は監査法人の判断により不正や誤謬などの重要な虚偽表示のリスクの評価に基づいて選択され適用される。リスク評価の実施に際しては状況に応じた適切な監査手続を立案するために内部統制も検討。また，経営者が採用した会計方針およびその適用方法や見積り評価も含め全体としての財務諸表の表示を検討。これらの監査手続を行い，意見表明の基礎となる十分かつ適切な監査証拠を入手したと判断していることを述べています。

第5パラグラフ（opinion）

最後のパラグラフでは，XYZ社の連結財務諸表が，わが国において一般に公正妥当と認められる会計基準に準拠して，すべての重要な点において適正に表示しているものと述べています（無限定適正意見の表明）。

プロ的懐疑心　Professional skepticism

　米国ではGAAPのほかに，GAAS（Generally Accepted Auditing Standards）という一般に認められた監査基準というものがあり，監査人はその基準に従って監査を実施することが求められています。GAASは従来，SAS（Statement on Auditing Standards）という文書（Auditing Standard Boardが作成）が基本になっています（ただし，SOX法の適用に伴いPCAOB（Public Company Accounting Oversight Board）が設立され，現在はこちらもメインとなっています）。

　SASの文書の中では，プロとしての懐疑心を持ち，不正による重大な虚偽記載の可能性をいつも考慮しながら監査に取り組まなくてはいけないと書かれていますので，その一説をご紹介します。

Because of the characteristics of fraud, the auditor's exercise of **professional skepticism** is important when considering the risk of material misstatement due to fraud. Professional skepticism is an attitude that includes a questioning mind and a critical assessment of audit evidence. The auditor should conduct the engagement with a mindset that recognizes the possibility that a material misstatement due to fraud could be present, regardless of any past experience with the entity and regardless of the auditor's belief about management's honesty and integrity. Furthermore, professional skepticism requires an ongoing questioning of whether the information and evidence obtained suggests that a material misstatement due to fraud has occurred.

　企業と新しい関係を築く場合，先入観を持たず，いつも適度な疑いの心を持ちながら細心の注意を払って仕事をするのは，監査人に限ったことではありません。

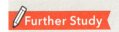

粉　飾
window dressing

　粉飾は，不正な会計処理を行って，実際よりも利益を過大にし，財政状態を良く見せようとする行為です。Window dressing は，本来はショーウィンドウの飾りつけという意味ですが，転じて，実際はそうではないのに決算書の表向きを良く見せるための企業の行為に使われるようになりました。主に業績が悪化した企業が経営破たんを隠すために，または上場廃止を避けるために粉飾する場合が多いですが，逆の場合もあり，その場合は脱税目的が多いようです。

　粉飾の手法はいろいろですが，おおむね3つのパターンがあります。①資産を増やして利益を増やす方法，②負債を減らして利益を増やす方法，③資産を増やして，費用を減らす方法です。売上を水増しして利益を多く見せかけるのは①です。また買掛金や未払金を少なく計上するのは②です。③の例としては棚卸資産を過大評価し，結果，売上原価を少なく見積もり売上総利益を大きくするという手法です。

　粉飾は，株式会社の場合，株主などの投資家を欺く行為であり，金融商品取引法では有価証券報告書の虚偽記載という違法行為にもなりかねません。それば かりか，それまでの営業活動で築いた信用をなくすことにもなり，大変大きな代償を払うことになるということを肝に銘じなくてはなりません。

Window dressing is a specious manipulation of a firm's accounting data to make its financial statements look better than they actually are. Window dressing can be an illegal or fraudulent action if it contradicts the law or accounting standards.

不適切会計
inappropriate accounting

意図的か否かは別として（または意図的かどうかわからない段階で），会計処理に誤りがあることを示唆しています。2015年T社の会計処理問題でこの言葉がメディアによって使用されました。ちなみに「不正会計」（irregular accounting）は意図的な場合に使われることが多いようです。

会計以外の不正発見の難しさ

　2017年の秋以降，K製鋼所，Mマテリアル，Tレ，そしてそれらのグループ会社と立て続けに発覚した品質管理・検査データの改ざん問題は，日本が誇る高品質の製品というイメージに大きな打撃を与えました。不正のあった企業は，長期にわたり製品の検査の際に，顧客の要求水準を満たしていない場合でも，データを改ざんして，製品を出荷するという行為を日常的に繰り返していたというのですから，あきれてしまいます。またそれ以前にはM自動車の燃費データ改ざんやリコール隠しなどもあり，企業の不正はあとを絶ちません。

　このような会計以外の数字の改ざんが明るみになるたびに，社内の内部統制システムは機能していたのか，監査法人による内部統制監査はどうなっていたのかと思わずにはいられません。監査法人は会計の専門家であるだけでなく，企業が属する業界に精通し現場の状況を正確に把握できなければならないのですが…。

　しかし単なるミスと違い，強い意図をもって不正を行う時，外部者はそれに気づくことは困難です。ましてかなり高度な技術の領域になると，同じレベルの技術者でしか理解できないところが多く，会計の専門家による内部統制監査には限界があるといえます。しかし，その不正をまったく見抜けないのは致し方ないとしたら，何のための監査なのかということになってしまいます。

3 企業の責任，その他

製造物責任　product liability（PL）

　製造者の製品についての責任のことです。製造物の欠陥によって人の生命，身体または財産に係る被害が生じた場合，製造業者等は責任を負うということ。日本ではこの製造業者等の損害賠償責任について定めた法規，製造物責任法すなわちPL法（Product Liability Act）が1994年に施行され，この法に基づいて，消費者は製造業者等に損害賠償（damages）を求めることができるようになりました。

　例えば，購入した新車に乗ったが，ブレーキがうまく作動せず電柱に激突して負傷した，購入したパンを食べたが異物が混入していて歯が欠けてしまった等の場合，PL法のもとで，製造物に欠陥があったことを要件として損害賠償責任を追及するというものです。以前は，直接契約関係にない消費者が製造者に対して損害賠償を請求することは困難でした。被害者の側で，製造者の過失（negligence）や因果関係を立証するのは大変難しかったからです。しかし製造物責任法の下では製造者に注意義務を課し，同時に被害者側の立証責任を軽減するという状況ができました。これは米国で発展してきたstrict liability（厳格責任，無過失責任）という考え方です。

　無過失責任は，元来，危険な製品のメーカーおよび販売者は，その製品の欠陥による死傷・損害に対し，過失の有無にかかわらず責任を負わなくてはならないという考え方です。米国で徐々に危険性の高い製品だけでなくあらゆるタイプの製品についても適用され，消費者も一般的な製品について損害賠償を請求することが可能になり，日本にも適用されたのです。

Product liability: the responsibility of a manufacturer and vendor of goods to compensate for injuries caused by defective merchandise that it has provided for sale.

**Further Study**

過　失
negligence

　過失（negligence）は日常でも使い，うっかりして判断を誤り失敗してしまった場合などに使う言葉ですが，法律の世界になると少し変わります。

　法律用語としての過失は，通常の注意力を持つ人間ならば払うであろう相当の注意（reasonable care）を怠ることであり，客観的に見ると失敗の可能性はないところで，不注意や無頓着によって失敗をすることです。例えば，交通事故において賠償責任が生じる過失傷害というのは，事故が起こることを予見できたにもかかわらず，それを避けるための注意義務を怠った結果相手に障害を負わせてしまったということを意味します。また，「業務上過失傷害」というのは，勤務中という意味ではなく，社会生活上の地位に基づき継続して行う行為で生命身体に危険を生じうるもの全般を指し，一般の人が自動車を運転する場合も「業務」に含まれます。

　また，企業において，取締役等の役員が会社や第三者に損害を与えた場合，損害賠償等の責任を負うことになりますが，その場合，「過失責任」が原則となっています。つまり任務を怠った結果，会社に損失を生じさせた場合に損害賠償責任を負うということです。

Negligence is a breach of duty of care which results in loss or injury to the person or entity to which the duty is owed. Negligence usually includes doing something that an ordinary, reasonable, and prudent person would not do, or, not doing something such a person would do while considering the circumstances, situation, and knowledge of the parties involved.

　過失の程度，注意義務違反の程度に応じて，軽過失（slight negligence），通常過失（ordinary negligence），重過失（gross negligence）があります。重過失ではその責任は重く，故意と同等とみなされる場合もあります。

企業の社会的責任　Corporate social responsibility (CSR)

　企業の社会的責任とは，社会全体の持続的な発展に向け，企業が果たしてい
く役割のことを意味しています。それは企業が経済活動において，社会的公正
や環境などへの配慮をしながら，従業員，投資家，地域社会などのすべての利
害関係者（stakeholders）に対して責任ある行動をとるとともに，説明責任を
果たしていくことを求める考え方です。この考え方は日本でも2000年代から盛
んになり，利潤追求が企業の目的と考えがちだった時代から大きく変わって
いった時期といえます。**企業はその影響力の大きさを自覚し，「社会」や「環
境」までも配慮した責任ある行動をとるべき**という声が高まっていったのです。

　しかしながらその考え方は，上場企業やグローバルな企業は積極的に取り入
れていますが，中小企業はまだこれからという段階であり，今後さらに多くの
企業が社会に対して責任のある行動を意識することで，よりよい社会の形成に
貢献することが期待されているのです。

Corporate social responsibility is a corporation's initiative to assess and take
responsibility for the company's effects on the environmental and social
wellbeing. (from Investopedia)

関連用語

サステナビリティ　sustainability

　CSR の後に，サステナビリティ（持続可能性　sustainability）という言葉も使われるようになりましたが，これは CSR とほぼ同義と考えてよいでしょう。企業が存続し，将来においても顧客に製品やサービスを提供し続けることができるかどうかいうこと。それは企業の財務的な側面もそうですが，環境への側面や社会的な側面（従業員に対して，また社会貢献活動など）も含まれることになります。

CSR 経営（CSR Management）に関する記述

住本林業グループ　Sumitomo Forestry Group

The Sumitomo Forestry Group's corporate philosophy advocates utilizing timber as a renewable, healthy, and environmentally friendly natural resource, and contributing to achieving a prosperous society through all types of housing-related services.

　住友林業グループは，再生可能で人と地球にやさしい自然素材である「木」を活かし，「住生活」に関するあらゆるサービスを通じて，豊かな社会の実現に貢献することを経営理念に掲げています。

In order to achieve this philosophy and to develop corporate integrity that is deserving of the trust of society, it is imperative to create a balance among the three CSR aspects of economic, social contribution, and environmental activities.

　この経営理念の実現をめざし，社会から信頼される「企業品質」を備えていくためには，CSR 経営の考え方である経済・社会・環境の 3 つの側面をバランスよく満たすことが不可欠です。

In this context, so that each and every employee can consider the significance of their own tasks, behavior, and interactions with society from a CSR perspective, as well as respond to the expectations of society, we have formulated a statement entitled "Our Work and CSR."

そこで，社員1人ひとりがCSRの視点で，自らの業務や行動の意義と社会との関わりを考えることができるよう「私たちの業務とCSR」を策定しています。

As a point of reference for group employees for what should be considered as most important in relation to their actions, we formulated the statement, "Our Values and Ideals."

また，グループ社員1人ひとりが行動する際に，「何を大切に考えるべきか」を考える"よりどころ"として，「私たちが大切にしたいこと」を策定しています。

[住友林業のウェブサイトより抜粋]

ファミリーマート FamilyMart

Under FamilyMart's slogan of "FamilyMart, Where You Are One of the Family," the Company and its Stakeholders seek to move forward in partnership, based on a relationship of trust.

ファミリーマートのスローガンである「あなたと，コンビに，ファミリーマート」には，すべてのステークホルダーの皆様と「共に」歩んでいきたいという信頼関係の構築への想いが込められています。

Aiming to become an even more vital part of the community and pursuing further convenience while meeting customersr' needs as a part of the social and lifestyle infrastructure, our role has expanded beyond only sales to include everything from financial and other services to being a point of safety and a base for disaster preparation.

地域社会で必要不可欠なものとなる目標を目指し，また社会・生活イン
フラとしてお客様のニーズに答えながらもっと便利を追求するという思い
から，私達の役割はただ売るということを超えて金融やその他サービスを
提供し，さらには安全対策の地点となり災害対策の拠点にもなっています。

FamilyMart's CSR as a group with stores throughout Japan and
around the world is to provide residents of Local communities with a
better life and social and lifestyle infrastructure with added value.

　日本および世界中の店舗を含めたグループとしてのファミリーマートの
CSR は，地域社会のお客様により良い生活と付加価値のある社会・生活
インフラを提供することです。

［ファミリーマートのウェブサイトより抜粋］

ISO
国際標準化機構

　ISOは，国際標準化機構（International Organization for Standardization）の略称で，国際的な標準である国際規格を策定するための非政府組織です。スイスのジュネーブに本部を置いています。この組織が定めるISO規格は，多くの種類があり番号が付けられています。

　ISO9000シリーズは，品質マネジメントシステム（Quality Management System）に関する規格で，**顧客に品質の良い製品やサービスを提供することを目的**としています。また，ISO14000シリーズは，環境マネジメントシステム（Environmental Management System）に関する規格で，企業を取り巻く人々の環境に悪影響を与えないようにすること，つまり**「環境保全」を目的**としています。

　それぞれの中核をなすISO9001やISO14001の認証を取得したということは，効果的な品質マネジメントシステム，環境マネジメントシステムが社内に構築されていてマニュアル化されていることを意味します。また，欧米に製品を輸出する際に相手先の信用を得られるというメリットもあります。

就業規則　rules of employment

　就業規則とは，社員や労働者の就業上守るべき規律および労働条件について定めた規則です。労働者の就業時間，給料，休暇，訓練，罰則，退職，退職金など具体的な項目について，労働基準法（Labor Standards Act）に基づいて定められる規則です。社会的責任を果たそうとする企業は，まず従業員が心地よく働ける職場を提供し，その資質やスキルを向上させることが可能な環境を整えなくてはなりません。

就業規則の中で説明される事項例

報酬	remuneration	特権	privilege
残業	overtime work	秘密保持	confidentiality
欠席	absences	見習い期間	provation
病欠	sick leave	評価	appraisal
忌引	bereavement leave	褒賞金	insentive bonus
産休	maternity leave	健康診断	medical check
育児休暇	childcare leave	契約解除	severance
振替休日	compensatory holidays	辞職	resignation
出張	business trip	解雇	dismissal
昇格	promotion	法令遵守	compliance

　10人以上の社員のいる職場では，就業規則を作成し労働基準監督署（Labor Standards Inspection Office）に提出することが義務付けられています。しかし，社員数にかかわらず，就業規則を作成し，その内容を明確に社員に伝え正しい理解を促すことは，職場のトラブルを未然に防ぐことにつながりますので，健全な経営を行ううえでは必須といえるでしょう。

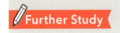

時間外労働

overtime work in excess of statutory working hours

　労働基準法（Labor Standards Act）では，**労働時間は1日8時間，1週40時間まで**と決められています。この法定労働時間を超える労働のことを時間外労働といい，割増賃金の対象となります。

　1日の労働時間は会社によって異なり，1日7時間勤務のところもあれば，1日8時間半勤務のところもあります。企業の就業規則で定められた労働時間は，「所定労働時間」（scheduled working hours）といいます。1日8時間半のところで規定どおり週5日働くと42.5時間となり，法定労働時間の40時間を超えますので，2.5時間は時間外労働ということになります。法定労働時間を超えた分の時間外労働に対しては，基礎時給の最低25％増しで支払うことが労働基準法で定められていますので，賃金の支払義務が生じています。また，午後10時から午前5時までの深夜労働についても25％増しが適用されます。

When an employer has workers work overtime, or work during late-night hours (from 22:00 to 5:00), the employer shall pay extra wages at 125% of the normal wage.

　もし1日7時間勤務の職場で毎日残って1時間残業したとすると，週5日でちょうど40時間ですので，時間外労働とはなりません。しかし，所定労働時間を超えて働いていますので，残業代が支払われる可能性はありますが，それはその企業の就業規則次第ということになります。

　時間外労働には上限が決められており（労働者と使用者の協定，36協定による），厚生労働省（Ministry of Health, Labor and Welfare）も告知していますが，1週間に15時間，2週間に27時間，4週間に43時間，1か月に45時間，3か月に120時間，1年360時間となっています。もしこの上限を超えるような場合には，企業はさらに割増の賃金を支払わなくてはなりません。

過労死
death from overwork, karoshi

　欧米では働きすぎで死に至るということがほとんどないため，日本語がそのまま使われる場合があります。従業員の死は長時間労働が原因と立証された場合，会社には賠償責任が生じます。

The employer may be liable for the sudden death of its employee due to overwork.

最低賃金
minimum wage

　最低賃金とは，最低賃金法（Minimum Wage Law）に基づいて国が定めた最低の賃金です。この法律は，労働者の生活の安定と労働力の質的向上，および事業の公正な競争の確保に資するとともに，経済の健全な発展に寄与することを目的とした法律です。雇用者は労働者に最低以上の賃金を支払わなくてはなりません。仮に最低賃金額よりも低い賃金が労働者に支払われていた場合，たとえそれが雇用者と労働者との合意のうえであっても最低賃金法によって無効とされ，雇用者は最低賃金との差額を労働者に支払わなければなりません。地域別最低賃金額以上の賃金を支払わない場合は，罰則が定められています。

The minimum wage is the lowest wage payable to employees in general or to designated employees as fixed by law.

ブラック企業
sweatshop

　ブラック企業とは，劣悪な労働環境で従業員を酷使し，使い捨てにするような企業のことです。企業の利益の追求のために，従業員特に若年者に対して長時間労働やサービス残業などの違法行為を行う，パワーハラスメントが横行するなど，コンプライアンス意識の低い会社といえます。マスコミで取り上げられたことをきっかけに，こう呼ばれるようになりました。問題のある商売をす

る悪徳会社とは異なります。

　厚生労働省（Ministry of Health, Labor and Welfare）は，2017年5月，ブラック企業対策の一環として，違法な長時間労働（long working hours）や賃金の不払いなどで年3回の是正勧告（recommendation for corrective action）を受けた大企業の社名を公表しました。就職先として敬遠され，株価なども影響を受けることで，それらの企業に社会的制裁を与えて改善を促すというねらいなのでしょう。しかし，実際には絶対数の多い中小企業のほうがこうした問題を抱えているといえます。違法行為を繰り返している会社が，なぜもっと厳しい処分を受けないのか首をかしげてしまいます。少子高齢化が進む中，若者が安心して就職し，健全に働ける労働環境の改善を願わずにはいられません。

A sweatshop is a business that makes its employees work under harsh and often hazardous conditions, and pays only minimal or survival wages.

There is only one purpose of a business;
to create a customer.　　　　　　　　（by Peter Drucker）

　『断絶の時代』，『現代経営学』，『マネジメント』等，数多くの著作を残した現代経営学の父，ピーター・ドラッカー氏（1909-2005）は，企業の目的は「顧客の創造」（to create a customer）であると言っています。長期的な視点に立ち，将来新たな顧客となる人々の眠りを覚ますようなモノづくりが必要であり，周りの身近な人たちに愛され，そして感動されるものを生み出す力が不可欠です。企業はとかく大規模な市場調査を行い，大衆の求める製品やサービスを作り出そうとしがちですが，本当に必要とされているものはもっと身近なところにヒントがあり，個々の視点に立って考えてみると見えてくることも多いはずです。実際そのようにして独自の製品を世に送り，新しい市場を開拓し，堅実に成長を続けている企業はたくさん存在します。ドラッカー氏はまた「利益は目的でない」とも言っています。これを聞いて驚く人もいるかもしれません。企業の利益について，①企業が存続するための諸経費，②企業の成長に必要な将来費用，③顧客の創造に必要な経費をまかなう最小限の利益があればよいと言っています。利益をあげることばかりにとらわれすぎて反社会的な行動を起こす企業は存続する意味がないということを肝に銘じなければなりません。

従業員持株会　employees' stockholding association

　従業員持株会は，日本の企業に古くからある，従業員が株主になるという「従業員持株制度」（employees' stockholding system）の下で設立する持株会のことです。持株会全体で発行済株式の数％を保有するなどして自社の安定株主となります。

　「従業員持株制度」は福利厚生制度の一環として，従業員が帰属する会社の株式を持つことを奨励する制度です。従業員持株会に参加すると，毎月従業員の給料から一定の金額が天引きされて積み立てられ，自社または親会社の株を購入することになります。従業員のメリットとしては通常取引される単位よりも小さい単位で自社株を購入できることや，株主として配当を享受し資産運用ができることですが，会社のメリットとしては安定株主を得られるだけでなく，株式を社外に流出させずに済むこと，また，株価維持の効果も期待できることにあります。

　同様の持株会として，会社とその関連会社の役員で持株会を組織する役員持株会（directors' stockholding association）や，取引先や販売先で持株会を組織し，自社の株式を取得し保有してもらう，取引先持株会（customers' stockholding association）があります。実際は大企業などが主導で持株会を設立し，中小企業の取引先などに株式を買ってもらうケースが多いようです。

参考

自社株運用年金　employee stock ownership plan（ESOP）

　米国を起源として発展した自社株式による退職年金支給制度です。企業が自社株を企業の負担で買い付け，従業員に退職・年金給付として分配する制度のことです。

　日本型 ESOP は日本独自の形態で，企業が株式の受け皿となる信託を設定し，信託が借入金などで株式市場などから，株式をまとめて買い付け，従業員に付与する仕組みとなっています。

株主代表訴訟　stockholders' derivative suit

　取締役，執行役，監査役などが違法行為を行い，経営判断のミスなどによって会社に損害を生じさせた場合，また，株価の大暴落を招くような事態を起こした場合，株主が会社に代わって損害賠償を求める訴訟を起こすことがありますが，これが株主代表訴訟です。株主代表訴訟は「株式会社における責任追及などの訴え」とされています。米国で最初に出来た制度で米国では株主派生訴訟といいます。

多段階代表訴訟　stockholders' double derivative suit

　2015年の改正会社法の施行で新設された制度です。子会社の取締役などが，子会社に損害を与えた場合に，親会社の株主が子会社に代わって損害賠償責任を追及することが可能になりました。

The revised law will allow shareholders of the parent company to bring an action against directors of its significant subsidiaries for any breach of the directors' duties.

業務停止命令　business suspension order

　業務停止命令は，行政処分（administrative action）の1つです。期限付きで企業の一部または全部の業務の停止を命じることです。ある企業の著しい法令違反や財務内容の悪化が深刻な場合に，その監督官庁その他の関係官庁（例えば金融庁，国土交通省，消費者庁，労働局など）によって業務停止命令が下されることがあります。

　金融業界では，証券会社，銀行，投資顧問会社などが，金融庁や関東財務局などから30日程度の業務停止命令を受けたという報道を目にします。近年では，デリバティブ商品の販売体制の不備，預り金の不適切な管理，反社会的勢力への融資，横領・詐欺，自己資本比率が法定基準以下などの事例がありましたが，これはまさにコーポレート・ガバナンスの欠如の結果といえます。

　業務停止命令を受けた場合，同時に業務改善命令（business improvement order）も受けることがあり，その場合，再発防止のための業務改善計画（business improvement plan）の提出が求められます。また，警告の意味で業務改善命令が下され業務改善計画を提出したにもかかわらず，それでも改善が認められないと判断された場合に，業務停止命令が出されることもあります。

　ちなみに業務停止命令を受けた会社は，業務停止の対象となる業務を行うことはできませんので，その業務に関わる社員は自宅待機になるか，出勤したとしても反省会や内部整理などの作業しかできません。もし業務停止命令に違反して業務を続けた場合，もっと重い処分（例えば登録取消）が下されることになります。

関連用語

金融庁検査　FSA on-site Inspection

　金融庁は1，2年に1度，各金融機関に立ち入り，コーポレート・ガバナンス体制やリスク管理体制を含めて，業務が適正に行われているかを確認するための実地検査を通常1か月実施します。検査官は，与えられた部屋に滞在して金融機関が提出した資料を読み，役員や部課長に対してヒアリングを行い，各

部署の業務や取引の内容を調査し把握します。また，「確認票」というシートを用いて検査官と金融機関との間でいわゆる Q&A を行います。検査の終盤には，各部署の業務や取引の適正度について記号で評価し，評価の低い点については，業務の改善を促します。この検査でもし不正や違反行為が発見された場合は，業務停止命令や業務改善命令などの行政処分が検討されることになります。

索　引

英　文

absolute matters··188
absorption-type merger·····························142
accelerated method··································104
acceleration···159
accountability···45
accounting···2,3,36
accounting advisor···································200
accounting audit·······································200
accounting estimate(s)·································28
accounting for derivatives·························155
accounting for retirement benefit··········162
accounting policies······························38,103
accounting principles·································36
accounting profit··39
accounting standards·································37
accounts payable··12
accounts receirable·····································91
accrual basis··40
accrued expenses·····································124
accrued revenues·····································108
accumulated other comprehensive income
··131
acquisition··142
acquisition cost·············12,41,97,101,102
Act on the Protection of Personal
　Information···221
Act on the use of Numbers to Identify a
　Specific Individual Administrative
　Procedures···221
administrative action·································249
adoption···48
advance paid···107
advance payment bond·····························135
advance received······································123
adverse opinion··229
affiliate··23
affiliate securities·······························94,109
allowance··113

allowance for bonuses·······························113
allowance for doubtful accounts (debt)/
　allowance for uncollectible (noncollectible)
　accounts (debt)····································92,114
allowance for loss on investment············113
allowance for loss on litigation···············113
allowance for loss on sales returns·········113
allowance for product warranty···············113
allowance for retirement benefit············163
allowance··41
Alternative Dispute Resolution···············157
American Depository Receipt····················157
amortization of actuarial gain/loss·········164
amortization of prior service cost···········163
amortization···120
amotization of transition adjustment······164
annual and ordinary general meeting·····196
annual report······································27,171
annual securities report···············24,27,169
antisocial forces··32
arbitrage··100,153
arranger··121
articles of incorporation···························189
asset backed securities····························149
asset retirement obligation·······················102
asset swap···154
asset-liability approach······························49
associated company·································147
attestation··227
audit and supervisory board····················201
audit and supervisory board member····200
audit committee·······································202
audit firm··228
audit opinion·····································228,228
audit procedures······································226
audit report······················27,170,200,228
audit sampling···227
auditor··27
auditor's report··170
auditor's responsibility·····························228

251

authorization	212	cash flow from investing activities	15,73
authorized shares	128	cash flow from operating activities	14,72
average method	97	cash flow statement	10,14,46
bad debt expense	59	cash generating ability	14,19
balance sheet	10,46	cash out	144
bank deposit	15	CB	116
Bank of Japan	25	Certificate of incorporation	189
bank transfer	174	chairman	29
banking transactions	120	checks	112
bankruptcy	14	Chief Executive Officer (CEO)	206
bankruptcy remoteness	149	Chief Financial Officer (CFO)	206
basis swap	154	Chief Information Officer (CIO)	207
BCP	225	Chief Marketing Officer (CMO)	207
bid bond	135	Chief Operating Officer (COO)	206
board of company auditors	201	civil law	220
board of directors	192,198,228	collateral	19,117,120,224
bond issue expense	109	commemorative dividend	127
bonds	115,119	Commercial law	219
bonds with warrant right	116	commercial paper	119
bookkeeping	3	commingling risk	150
bullet payment	120	commitment	32
business commencement expense	109	committed line	120
business combination	137	common stock	126
business continuity plan	225	company auditor	5,192,198,200
business improvement plan	249	company split	142
business judgement rule	195	company with audit and supervisory board	201
business report	27		
business risk	223	company with audit and supervisory committees	204
business segment	24		
business suspension order	249	company with nominating committee and others	202
business transfer	142		
By-law	189	compensation committee	202
capital expenditure	22	compilation	227
capital gain	93	completed contract method	52
capital increase	128	compliance	2
capital lease	165	compliance committee	217
capital surplus	129	compliance officer	217
capital	129	comprehensive income	70
capital stock	129	concervatism	40
capitalize	176	condition concurrent	161
cash	15	condition precedent	161
cash and deposit	11,89	condition subsequent	161
cash basis	40	condorsement	50
cash flow from financing activities	15,74	conflict of interest	192,194

conglomerate	181	current replacement cost	97
consistency	28	custom bond	136
consolidated financial statements	23	customers' stockholding association	247
consolidation	140	damages	236
construction in progress	102	death from overwork, karoshi	245
contingency plan	225	declaration of acceptance	210
contingent liabilities	32,133	deferred and accrued accounts	124
convergence	48	deferred assets	109
convertible bonds	116,119	deferred gain or loss on hedges	156
copyright	105,105	deferred gains or losses on hedges	131
corporate accounting	38	deferred tax assets	64,65
corporate bonds	115	deferred tax liabilities	65
corporate governance	208	deferred taxes	61
Corporate Governance Code	209	demand deposits	90
corporate governance report	209	deposit insurance system	90
Corporate Law	218	deposits received	123
corporate social responsibility (ties)	45,238	depreciable assets	101
Corporate social responsibility report	172	depreciation	14
corporate value	208	depreciation and amortization	72,73
COSO	214	depreciation expense	54
cost method	96	depreciation of tangible assets	103
cost of capital	151	derivative products, derivatives	153
cost of sales	53	direct tax	61
counterparty	32,184	director(s)	5,29,188,192
counterparty risk	223	directors' bonus	56
credit enhancement	21,117	directors' compensation	54,56
credit line	117,224	directors' stockholding association	247
credit monitoring	18	disaster loss	59
credit report	26	disclaimer of opinion	229
credit risk	223	disclosure	2,44
Credit Support Annex	159,184	discount rate	151
creditors	27	discounted cash flow method	151
Crisis Management	225	discounted notes	133
Cross default	159	dishonored bill	111
CSA	159,184	disposal	176
CSR	238	dividend	127
currency option	154	dividend income	57
currency risk	183	documentation	212
currency swap	153,184	double-entry bookkeeping	78
current account	117	drawee	112
current deposits	89	drawer	111,112
current maturities of long-term (bank) debt	117	due diligence	143
		duties and responsibilities	192
current ratio	16	duty of care of a good manager	192

253

early termination····································100
Earning per share·····························18,68
Earnings Before Interest and Taxes (EBIT)
··69
Earnings Before Interest Taxes and
  Depreciation and amonization (EBITDA)
··69
earnings forecasts·····························68
economic life of the lease property·········166
employees' stockholding association·······247
endorsed notes·······························133
endorsement·····························48,111
endorser·······································111
enterprise tax·································56
Environmental responsibility report·······171
EPS···68
equity in earnings (losses) of affiliates··58,83
equity method·····················58,79,140,146
equity method-applied affiliates·············181
Equity ratio·····································16
events and conditions causing substantial
  doubt about going concern assumption··42
Events of default······························159
exchange rate··································58
executive officer····························202,203
expected gain or loss on plan assets·······164
extraordinary depreciation····················104
extraordinary general meeting··············196
extraordinary loss·······························59
extraordinary profit·······························59
fair market value·································96
FIEL···219
FIFO (First-in, First-out) method···········97
finance lease····································165
financial accounting······························38
financial audit····································200
financial covenants·····························160
Financial Instruments and Exchange Act
··219
financial statement audit···············226,228
financial statements·····························46
financial support·································21
finished goods····································95
fiscal year·································46,77

fishery right····································106
Fixed ratio·······································16
flowcharting·····································212
foreign currency deposits·····················90
foreign currency transaction·················31
foreign currency translation adjustment···132
foreign exchange gains (or losses)······57,58
foreign exchange transactions···············121
forward exchange contract····················154
freight-in··95
freight-out···95
FSA on-site Inspection·························249
fully diluted earning per share··············69
funding··19
furniture and fixtures···························101
futures··153
gain/loss on sale of securities············57,59
gain/loss on sale of tangible assets·········59
general account·····························39,78
General Agreement for Banking
  Transactions·································120
general and administrative expenses·······54
general meeting of stockholders············190
Generally Accepted Accounting Principles
  in the US·······································37
generally accepted auditing standards·····27
Generally Accepted Auditing Standards
  (GAAS)···233
global standards·································2
going concern····································41
going concern assumption····················76
going private·····································191
going public······································191
goodwill·································105,106,137
governance·······································4
Governing law···································160
governmental accounting······················39
gross negligence·································237
gross profit·······································53
gross profit margin·························16,53
gross sales·······································51
guarantees, guarantees given···············133
hedge accounting························100,156
held-to-maturity securities····················94

254

holding company	24, 147	internal control risk	224
holding company system	147	internal rating	223
holding-operating company	147	International Financial Reporting	
hostile TOB	145	Standards	48
human errors	212	International Organization for	
IFRS	48	Standardization	242
illegal act	5	International Swaps and Derivatives	
impairment accounting	60	Association	158
impairment loss	59, 60	inventories	11, 41
Improvement report	171	Inventories turnover	17
inappropriate accounting	235	investment securities	12
incidental cost	101, 102	investments	12
income before (income) taxes	28, 61	investors	27
income gain	93	irregularities	5, 212
income statement	10, 46	ISDA	158
income tax	66	ISDA Master Agreement	158
income tax-current	65	ISO	242
income tax-deferred	64, 65	issuance of new shares through	
income taxes	61	third-party allocation	128
independence	226, 229	IT audit	226
independent auditor	228	joint stock company	190
individual identification method	97	joint venture	182
inflows and outflows	14	journal entries	92
inhabitant tax(es)	61, 123	J-SOX	213
insider trading	33	Labor and Welfare	244
insolvent	14	Labor Standards Act	243, 244
installment payment	120	Labor Standards Inspection Office	243
intangible assets	105	land	101
integrated reporting	172	latent loss	12
integrated reports	172	LBO	143
intellectual property	110, 176	lease accounting	165
intercompany transactions	140, 181	lease right(s)	105, 106
interest cost on retirement benefit		legal department	5
obligation	163	legal dispute	134
interest coverage ratio	17	legal retained earnings	130
interest income	57	legal risk	224
interest rate	120	letter of credit (L/C)	121
interest rate risk	183	letter of guarantee	23, 224
interest rate swap	154	leveraged buyout	143
interest-bearing debt	12	leveraged lease	168
interim dividend	127	liabilities in excess of assets	13
internal control	212	LIFO (Last-in, First-out) method	98
internal control audit	226, 228	limited liability company (LLC)	218
internal control report	171, 213	liquidity	173

255

liquidity risk	179,224
litigation	33,134
loan agreement	118,120
loan on deed	120
loans	11,107
long-term debt	12
long-term loan	107
loss on business restructure	59
lower of cost or market method	41,96
lump-sum repayment	120
M&A	142
machinery and equipment	101
management accounting	38
management buy-out (MBO)	143
management's responsibility	228
managerial accounting	38
managing director	193
manufacturing facilities	120
mark to market accounting	100
market risk	223
market value	12,102
market value accounting	60,100,155
marketable securities	12,15
marketing	2
materiality	41
maxium loss	31
merger	142
minimum wage	245
Minimum Wage Law	245
mining right	106
Ministry of Finance	25
Ministry of Health	244
moving-average method	98
national tax	61
natural disasters	225
negative pledge clause	122
negligence	195,236,237
net income	66
net income attributable to non-controlling interest	67
net income attributable to owners of parent company	67
net present value (NPV)	152
net profit margin	17

net realizable value	96
net sales	51
no par value share	134
nominating committee	202
non-cancellable lease term	166
non-controlling interest	132
non-depreciable asset	101
non-operating expenses	57,58
non-operating income	57,58
normal operating cycle	91
notary office	188
notes receivable	11,91
notes regarding going concern assumption	42
notes to financial statements	47
notice deposits	89
notional amount	154
O/D	89,117
operating audit	200
operating cash flow	72
operating company	24
operating lease	168
Operating profit margin	16
operating profit/loss	57
operational risk	224
options	153
ordinary deposits	89
ordinary profit/loss	59
organization expense	109
originator	149
other retained earnings	130
output	104
outside company auditor	201,204
outside director(s)	5,30,193,203,204
overdraft	89,117
overdue	174
overdue accounts	92
overtime work in excess of statutory working hours	244
partnership	218
par-value share	128
patent(s)	105
payables	11
Payables turnover	17

payment bond ⋯⋯⋯⋯⋯⋯136
percentage-of-contract method ⋯⋯⋯⋯52
performance bond ⋯⋯⋯⋯⋯⋯135
permanent differences ⋯⋯⋯⋯⋯62,64
petty cash ⋯⋯⋯⋯⋯⋯⋯⋯173
plan assets ⋯⋯⋯⋯⋯⋯⋯162,163
plants ⋯⋯⋯⋯⋯⋯⋯⋯⋯⋯10
pledged assets ⋯⋯⋯⋯⋯⋯⋯120
pooling of interest method ⋯⋯⋯⋯⋯139
pre-audit ⋯⋯⋯⋯⋯⋯⋯⋯226
preferred securities ⋯⋯⋯⋯⋯⋯178
preferred stock ⋯⋯⋯⋯⋯⋯⋯126
preliminary rating ⋯⋯⋯⋯⋯⋯115
prepaid expense ⋯⋯⋯⋯⋯⋯109
Price booking ratio (PBR) ⋯⋯⋯⋯⋯18
Price earning ratio (PER) ⋯⋯⋯⋯⋯18
principle-based accounting standard ⋯⋯49
private placement bonds ⋯⋯⋯⋯⋯115
probability of default ⋯⋯⋯⋯⋯⋯118
product liability ⋯⋯⋯⋯⋯⋯⋯236
Product Liability Act ⋯⋯⋯⋯⋯⋯236
production facilities ⋯⋯⋯⋯⋯⋯10
products ⋯⋯⋯⋯⋯⋯⋯⋯⋯95
profitality ⋯⋯⋯⋯⋯⋯⋯⋯⋯13
profit center ⋯⋯⋯⋯⋯⋯⋯⋯182
promissory notes ⋯⋯⋯⋯⋯⋯112,117
promotors ⋯⋯⋯⋯⋯⋯⋯⋯188
property tax ⋯⋯⋯⋯⋯⋯⋯⋯56
public offering ⋯⋯⋯⋯⋯⋯⋯128
public placement bonds ⋯⋯⋯⋯⋯115
purchase method ⋯⋯⋯⋯⋯⋯137
pure holding company ⋯⋯⋯⋯⋯147
qualified opinion ⋯⋯⋯⋯⋯⋯228
qualitative analysis ⋯⋯⋯⋯⋯⋯223
quantitative analysis ⋯⋯⋯⋯⋯⋯223
quarterly report ⋯⋯⋯⋯⋯⋯170
quick summery of accounts ⋯⋯⋯⋯170
R&D expenses ⋯⋯⋯⋯⋯⋯⋯22
rating agencies ⋯⋯⋯⋯⋯⋯⋯115
ratio analysis ⋯⋯⋯⋯⋯⋯⋯16
raw materials ⋯⋯⋯⋯⋯⋯⋯95
real estate ⋯⋯⋯⋯⋯⋯⋯⋯120
realization basis ⋯⋯⋯⋯⋯⋯40
reasonable assurance ⋯⋯⋯⋯⋯228

reasonable care ⋯⋯⋯⋯⋯⋯237
receivables ⋯⋯⋯⋯⋯⋯⋯⋯11
receivables turnover ⋯⋯⋯⋯⋯⋯17
reconciliation ⋯⋯⋯⋯⋯⋯⋯212
reliability ⋯⋯⋯⋯⋯⋯⋯⋯27
remearuement of defined benefit plans,
　net of taxes ⋯⋯⋯⋯⋯⋯⋯165
remeasurement of retirement benefit ⋯⋯132
remittance charge ⋯⋯⋯⋯⋯⋯174
representative director ⋯⋯⋯⋯193,198
representative director and chairman ⋯⋯29
representative director and president ⋯⋯29
representative executive officer ⋯⋯202,203
reputation risk ⋯⋯⋯⋯⋯⋯⋯224
reserve ⋯⋯⋯⋯⋯⋯⋯⋯⋯41
residual value ⋯⋯⋯⋯⋯⋯⋯103
retail inventory method ⋯⋯⋯⋯98,175
retained earnings ⋯⋯⋯⋯⋯⋯130
retention bond ⋯⋯⋯⋯⋯⋯⋯135
retirement benefit obligation ⋯⋯⋯162,163
retroactive treatment ⋯⋯⋯⋯⋯103
Return on assets (ROA) ⋯⋯⋯⋯17,149
Return on equity (ROE) ⋯⋯⋯⋯⋯17
revaluation reserve for land ⋯⋯⋯⋯132
revenues ⋯⋯⋯⋯⋯⋯⋯⋯⋯51
review ⋯⋯⋯⋯⋯⋯⋯⋯⋯227
risk management ⋯⋯⋯⋯⋯⋯223
risk mitigation ⋯⋯⋯⋯⋯⋯21,23
rules of employment ⋯⋯⋯⋯⋯243
rules on transactions with stakeholders ⋯32
safeguarding of assets ⋯⋯⋯⋯⋯212
salaries and bonuses ⋯⋯⋯⋯⋯54
sale-leaseback transaction ⋯⋯⋯⋯168
sales ⋯⋯⋯⋯⋯⋯⋯⋯⋯2,51
sales breakdown ⋯⋯⋯⋯⋯⋯51
sales discounts ⋯⋯⋯⋯⋯⋯51
sales recognition of long-term contract
　work ⋯⋯⋯⋯⋯⋯⋯⋯⋯52
sales return ⋯⋯⋯⋯⋯⋯⋯51
salvage value ⋯⋯⋯⋯⋯⋯⋯103
Sarbanes-Oxley Act ⋯⋯⋯⋯⋯213
SB ⋯⋯⋯⋯⋯⋯⋯⋯⋯⋯115
scheduled working hours ⋯⋯⋯⋯244
scope of audit ⋯⋯⋯⋯⋯⋯⋯228

257

secured bonds	115
securities	120
securities for sale	93
securities registration statement	170
securitization of receivables	149
security	19,117,120,224
segregation of duties	212
selling expenses	54
semiannual securities report	170
semi-finished products	95
senior managing director	193
service cost	163
settlement risk	224
SG&A expenses	54
share capital	129
shareholders	190
shares outstanding	128
shares	126
short-term (bank) debt	12,117
short-term loan	107
significant accounting policies	38,50,79
slight negligence	237
social insurance premiums	123
social responsibilities	216
software	106
SOX	213
SPC	149
special account	39,78
special controlling shareholders	144
special dividend	127
special purpose company	149
specific identification method	97
speculation	100,153
squeeze out	144
stakeholder(s)	27,45,47,208,238
standard report	231
statement of changes in shareholders' equity	47
statement of comprehensive income	49
statement of shareholders' equity	10
Stewardship Code	209
stock	126
stock certificate	128
stock company	29,190,218

stock dividend	127
stock exchange	142,144
stock issue expense	109
stock market	27
stock split	128
stock transfer	142
stockholders	27,29,190,228
stockholders' derivative suit	248
stockholders' double derivative suit	248
stockholders' general meeting	196
stockholders' equity	129
stockholders' general meeting	198
straight bond(s)	115,178
straight-line method	103
strategic partnership	178
strict liability	236
structures	101
sublease transaction	168
subordinated stock	127
subsidiary	23
subsidy	84
substantial doubt	76
Substantial shareholding report	171
substantive test	227
substantive testing	227
sum of the years' digits method	104
sunk cost	55
surviving entity	142
suspension of banking transactions	114
sustainability	239
Sustainability report	172
swaps	153
sweatshop	245
takeover bid (TOB)	143,183
tangible assets	101
tangible fixed assets	10
tax haven	150
tax return	28,62
taxable income	28,61
taxes and duties	56,101
Taxes and Depreciation	69
temporary differences	62,63,64
term loan	120
time deposits	89

258

timely disclosure	44, 68
total number of authorized share	188
trademark(s)	105, 106
transparency	44
treasury stock	130
true sales	149
underlying asset	153
underwriter	115
unearned revenue	125
unqualified opinion	27, 228, 231
unrealized loss	12
unrecognized actuarial gain or loss	164
unsecured bonds	115
US GAAP	37
useful life	103
valuation and translation adjustments	131
valuation difference on other securities	131
valuation gain	94
valuation loss	94
volatility	223
voluntary matters	189
voting right	146
warrant bonds (WB)	116
weighted-average method	97
white knight	145
white paper on corporate governance	209
wholly-owned subsidiary	146
window dressing	28, 234
withholding income tax	123
work in process	95
working capital	117
write off	175

和　文

［あ行］

ISDA マスター契約	158
IT 監査	226
相手先リスク	223
預り金	123
アセットスワップ	154
アテステーション	227
後入先出法	98

意見差控え	229
意見不表明	229
一時差異	62, 63, 64
1 年以内返済の長期借入金	117
一括返済	120
一定の保証	228
一般会計	39, 78
一般管理費	54
一般に認められた監査基準	233
移動平均法	98
違法行為	5
インカムゲイン	93
インサイダー取引	33
インテレスト・カバレッジ・レシオ	17
受入の表明	210
受取手形	11, 91
受取利息	57
裏書	111
裏書譲渡手形	133
裏書人	111
売上	51
売上原価	53
売上総利益	53
売上高営業利益率	16
売上高純利益率	17
売上高総利益率（粗利率）	16, 53
売上の内訳	51
売上返品	51
売上割引	51
売掛金	11, 91
売掛債権回転率	17
運転資金	117
永久差異	62, 64
営業外収益	57, 58
営業外費用	57, 58
営業活動によるキャッシュ・フロー	14, 72
営業キャッシュ・フロー	72
営業権	105
営業報告書	27
営業利益／損失	57
延滞債権	92
エンドースメント	48
OTC デリバティブの担保契約	184
オプション	153

259

オペレーショナルリスク	224
オペレーティング・リース	168
親会社株主に帰属する当期純利益	67

[か行]

買掛金	11, 12
買掛債務回転率	17
外貨預金	90
開業費	109
会計	3, 36
会計監査	200
会計基準	37
会計基準変更差異の償却額	164
会計原則	36
会計参与	200
会計上の見積もり	39
会計上の利益	39
会計年度	46, 77
会計の見積もり	28
会計方針	38, 103
外国為替取引	121
会社分割	142
会社法	218
改善報告書	171
会長	29
解約不能リース期間	166
カウンターパーティ	184
格付会社	115
額面株式	128
家具や備品	101
過去勤務費用の償却額	163
貸倒損失	59
貸倒引当金	92, 114
過失	195, 236, 237
貸付金	11, 107
加重平均法	97
課税所得	28, 61
合併	142, 142
ガバナンス	4
株価収益率	18
株価純資産倍率	18
株券	128
株式	126
株式会社	29, 190, 218

株式公開買付	143, 183
株式交換	142, 144
株式市場	27
株式譲渡	142
株式配当	127
株式分割	128
株主	27, 29, 190, 228
株主資本	129
株主資本等変動計算書	10, 47
株主資本利益率	17
株主総会	190, 196, 198
株主代表訴訟	248
カレンシースワップ	184
過労死	245
為替換算調整勘定	132
為替差益/差損	57, 58
為替リスク	183
為替レート	58
環境報告書	171
関係会社	147
監査委員会	202
監査意見	228
監査基準	27
監査等委員会設置会社	204
監査人	27
監査人の意見	228
監査人の責任	228
監査の手続	226
監査の範囲	228
監査報告書	27, 170, 200, 228
監査法人	228
監査役	5, 192, 198, 200
監査役会	201
監査役会設置会社	201
幹事銀行	121
完成基準	52
完成品	95
関税保証	136
完全子会社	146
管理会計	38
関連会社	23
関連会社の投資持分利益	83
機械装置	101
機関投資家の行動規範	209

危機管理対策	225	繰延資産	109
企業会計	38	繰延税金資産	64, 65
企業価値	208	繰延税金負債	65
企業結合	137	繰延ヘッジ損益	131, 156
企業統治指針	209	クレジットサポートアネックス	159
企業の社会的責任	45, 238	クロスデフォルト	159
企業買収	142	経営学	36
議決権	146	経営者の責任	228
期限の利益の喪失	159	経営判断の原則	195
期待運用収益	164	経過勘定科目	124
記念配当	127	軽過失	237
義務と責任	192	経済的耐用年数	166
キャッシュ・フロー計算書	10, 14, 46	経常利益／損失	59
キャッシュアウト	144	係争事件に係る損害賠償義務	134
キャッシュを生み出す能力	14, 19	係争中の訴訟	33
キャピタルゲイン	93	継続企業	41
吸収合併	142	継続企業の前提	76
級数法	104	継続企業の前提に関する注記	42

継続企業の前提に重大な疑義を生じさせる

給与や賞与	54	ような事象または状況	42
行政処分	249	継続性	28

行政手続における特定の個人を識別する

ための番号の利用等に関する法律	221	契約債務	32
業績予想	68	経理	2
業務改善計画	249	経理・簿記	3
業務監査	200	決済リスク	224
業務停止命令	249	決算期	77
業務の分掌化	212	決算書	46
漁業権	106	決算短信	170
緊急避難措置および計画	225	原価	97
銀行取引	120	厳格責任	236
銀行取引停止処分	114	原価主義会計	49
銀行取引約定書	120	減価償却	14
銀行振込	174	減価償却費	54, 72, 73
銀行預金	15	原価法	96
金商法	219	研究開発費	22
金銭消費貸借契約書	120	現金	15
勤務費用	163	現金主義	40
金融商品取引法	219	現金の出入り	14
金融庁検査	249	原材料	95
金融派生商品	153	原資産	153
金融派生商品の会計	155	現資産保有者	149
金利スワップ	154	建設仮勘定	102
金利リスク	183	源泉所得税	123
偶発債務	32, 133	減損会計	60

261

減損損失	59,60	コンプライアンス委員会	217

［さ行］

限定付き適正意見	228	災害損失	59
現預金	11,89	債権者	27
公益会計	39	債権の流動化・証券化	149
公会計	39	最高経営責任者	206
鉱業権	106	最高財務責任者	206
工具器具	101	最高執行責任者	206
工場	10	最高情報責任者	207
公証人役場	188	最高マーケティング責任者	207
公正価額	96	財政支援	21
厚生労働省	244	最大損失額	31
構築物	101	再調達コスト	97
合同会社	218	最低賃金	245
合弁会社	182	最低賃金法	245
公募債	115	裁定取引	100,153
公募増資	128	裁判外紛争手続	157
小売棚卸法	98	財務会計	38
コーポレート・ガバナンス	208	財務活動によるキャッシュ・フロー	15,74
コーポレート・ガバナンスに関する報告書		財務省	25
	209	財務諸表	46
コーポレート・ガバナンス白書	209	財務諸表監査	226,228
コーポレートガバナンス・コード	209	財務制限条項	160
子会社	23	債務超過	13
子会社および関連会社株式	94	債務不履行事由	159
子会社株式	109	債務不履行の確率	118
小切手	112	採用	48
後行条件	161	先入先出法	97
国際標準化機構	242	先物	153
国税	61	先物為替予約	154
小口現金	173	サステナビリティ・レポート	172
個人情報保護法	221	サンクコスト	55
固定資産税	56	残存価額	103
固定資産売却損益	59	サンプリング	227
固定比率	16	CSR レポート	172
個別法	97	時価	12,102
コマーシャル・ペーパー	119	時価会計	60,100,155
コミットメントライン	120	仕掛品	95
コミングリングリスク	150	時間外労働	244
コンティンジェンシープラン	225	事業会社	24
コンドースメント	50	事業継続計画	225
コンバージェンス	48	事業再編損失	59
コンパイレーション	227	事業譲渡	142
コンプライアンス	2		
コンプライアンス・オフィサー	217		

事業税	56	重要性の原則	41
事業年度	77	重要な会計方針	38,50,79
事業の種類別セグメント	24	収れん	48
事業持株会社	147	授権資本	128
事業リスク	223	取得原価	12,41,97,101,102
資金調達	19	純売上	51
自己株式	130	準拠法	160
自己資本比率	16	純粋持株会社	147
資産除去債務	102	（貸倒債権などを）償却する	175
資産担保証券	149	償却資産	101
資産負債アプローチ	49	照合	212
資産の保全	212	証書	118
自社株	130	上場する	191
市場リスク	223	上場を廃止する	191
事前監査	226	証書貸付	120
自然災害	225	承認	48,212
持続可能性	239	商標権	105,106
実現主義	40	商品の仕入に係る運搬費	95
執行役	202	商品の販売に係る運搬費	95
実証テスト	227	商法	219
実証手続	227	情報公開	44
支払不能	14	正味現在価値	152
支払保証	136	正味実現価額	96
四半期報告書	170	正味売却価額	96
私募債	115	常務取締役	193
資本金	129	賞与引当金	113
資本コスト	151	除去	176
資本剰余金	129	所定労働時間	244
資本的支出	22	処分	176
指名委員会	202	仕訳	92
指名委員会等設置会社	202	人為的ミス	212
社外監査役	201,204	新株発行費	109
社会的責任	216	新株予約権付社債	116
社外取締役	5,193,203,204	進行基準	52
社会保険料	123	真正売買	149
借地権	105,106	信用限度枠	224
社債,公社債	115,119	信用状	121
社債発行費	109	信用力の補完	117
重過失	237	信用調査レポート	26
従業員持株会	247	信用リスク	223
従業員持株制度	247	信用リスクの補完	21
就業規則	243	信頼性	27
重大な疑義,疑念	76	数理計算上の差異の償却額	164
住民税	61,123	スクイーズアウト	144

263

スチュワードシップ・コード……………209
スワップ……………153
生産高比例法……………104
正常営業循環基準……………91
製造設備……………10,120
製造物責任……………236
税引前当期純利益……………61
税引前利益……………28
製品……………95
製品保証引当金……………113
税務申告書……………28,62
世界基準……………2
絶対的記載事項……………188
説明責任……………45
設立定款……………189
善管注意義務……………192
先行条件……………161
潜在株式調整後1株当たり純利益……………69
専務取締役……………193
戦略的提携……………178
総売上……………51
早期復旧……………225
送金手数料……………174
増資……………128
総資本利益率……………17,149
相対的記載事項……………189
想定元本……………154
相当の注意……………237
創立費……………109
遡及処理……………103
訴訟損失引当金……………113
租税公課……………56,101
租税回避地……………150
その他の包括利益累計額……………131
その他有価証券評価差額金……………131
その他利益剰余金……………130
ソフトウェア……………106
損益計算書……………10,46
損害賠償……………236
存続会社……………142

[た行]

第三者割当増資……………128
貸借対照表……………10,46

退職給付会計……………162
退職給付債務……………162,163
退職給付に係る調整累計額……………165
退職給付引当金……………163
退職給与に係る調整累計額……………132
代表執行役……………202
代表取締役……………193,198
代表取締役会長……………29
代表取締役社長……………29
耐用年数……………103
大量保有報告書……………171
多段階代表訴訟……………248
建物……………101
棚卸資産……………11,41
棚卸資産回転率……………17
短期借入金……………12,117
短期の貸付……………107
担保……………19,117,120,224
担保契約書……………159
担保制限条項……………122
担保付社債……………115
担保に供する資産……………120
知的財産（財産権）……………110,176
中間配当……………127
注記……………47
長期請負工事の売上の認識方法……………52
長期借入金……………12
長期の貸付……………107
直接税……………61
著作権……………105
通貨オプション……………154
通貨スワップ……………153
通知預金……………89
定額法……………103
低価法……………40,96
定款……………188
定期預金……………89
DCF法……………151
ディスクロージャー……………2,44
定性分析……………223
定時総会……………196
定率法……………104
定量分析……………223
手形の受取人……………112

264

手形の振出人································112
適時開示······························44,68
敵対的買収····························145
手許流動性····························173
デューデリジェンス················143
デリバティブ··························153
デリバティブ取引などの中途解約········100
転換社債··························116,119
転換社債型新株予約権付社債········116
転リース取引··························168
投機······························100,153
当期純利益······························66
統合報告································172
統合報告書······························172
当座借越··························89,117
当座口座································117
当座預金································89
倒産······································14
倒産隔離································149
投資······································12
投資家··································27
投資活動によるキャッシュ・フロー····15,73
投資損失引当金························113
投資有価証券····························12
同時履行条件··························161
透明性··································44
特定目的会社··························149
特定融資枠契約························120
特別会計······························39,78
特別支配株主··························144
特別損失································59
特別配当································127
特別利益································59
独立監査人····························228
独立性··························226,229
土地····································101
土地再評価差額金······················132
特許権··································105
取締役······················5,29,188,192
取締役会··················192,198,228
取引先持株会··························247
取引の相手先··························32,184

［な行］

内部格付································223
内部監査報告書························171
内部統制································212
内部統制監査······················226,228
内部統制報告書························213
内部統制リスク························224
内部取引··························140,181
日本銀行（日銀）······················25
日本版 SOX 法··························213
入札保証································135
任意的記載事項························189
年金資産··························162,163
年次報告書··························27,171
のれん··························106,137

［は行］

パーチェス法··························137
売価還元法··························98,175
売却目的有価証券························93
買収····································142
配当····································127
配当収入································57
白馬の騎士····························145
発行可能株式総数······················188
発行済株式····························128
発生主義の原則························40
半期報告書····························170
反社会勢力····························32
半製品··································95
販売費··································54
販売費及び一般管理費··················54
PL 法··································236
引当金··························41,113
引受証券会社··························115
被支配株主に帰属する当期純利益········67
被支配株主持分························132
非償却資産····························101
1 株当たり純利益························68
1 株当たり利益························18
評価・換算差額等······················131
評価益··································94
評価損··································94

265

標準的な報告書	231	補助金	84
ファイナンス・リース	165	発起人	188
風評リスク	224		
複合企業	181	**[ま行]**	
複式簿記	78	マイナンバー法	221
含み損	12	前受金	123
付随費用	101,102	前受金返還保証	135
不正	5,212	前受収益	125
付属定款	189	前払費用	109
普通株式	126	前渡金	107
普通社債	115,178	マネジメント・バイアウト	143
普通預金	89	満期保有債券	94
不適正意見	229	未収収益	108
不適切会計	235	未認識経理計算上の差異	164
不動産	120	未払費用	124
ブラック企業	245	民法	220
振出人	111	無額面株式	134
フローチャート	212	無過失責任	236
不渡手形	111	無形固定資産	105
分割返済	120	無限定意見	231
文書化	212	無限定適正意見	27,228
粉飾	28,234	無担保社債	115
平均法	97	持株会社	24,147
米国SOX法	213	持株会社制度	147
米国の会計原則	37	持分会社	218
米国預託証書	157	持分プーリング法	139
ベーシススワップ	154	持分法	58,79,140,146
ヘッジ会計	100,156	持分法適用会社	181
変動率	223	持分法による投資損益	58
返品損失引当金	113		
包括利益	70	**[や行]**	
包括利益計算書	49		
報酬委員会	202	役員賞与	56
法人税	61,66	役員報酬	54,56
法人税額	65	役員持株会	247
法人税等調整額	61,64,65	約束手形	112,117
法的リスク	224	有価証券	12,15,120
法務部	5	有価証券届出書	170
ホールディングカンパニー	147	有価証券の売却損益	59
他業種にわたる企業グループ	181	有価証券売却益	57
保守主義の原則	40	有価証券報告書	24,27,169
保証業務	135	有形固定資産	10,101
保証債務	133	有形固定資産の減価償却	103
保証状	23,224	融資限度額	117
		優先株式	126

優先証券	178	立証	227
有利子負債	12	流動性リスク	179, 224
要求払預金	90	流動比率	16
預金保険制度	90	留保金返還保証	135
与信管理	18	臨時償却	104
予備格付	115	臨時総会	196
		レシオ分析	16

[ら行]

		劣後株式	127
リース会計	165	レバレッジド・バイアウト	143
リースバック取引	168	レバレッジドリース	168
利益準備金	130	レビュー	227
利益剰余金	130	連結	140
利益相反	192, 194	連結財務諸表	23
利益率	13	労働基準監督署	243
利益をあげる目的の会社	182	労働基準法	243, 244
利害関係者	27, 45, 208, 238		

[わ行]

利害関係者取引規程	32		
履行保証	135	ワラント債	116
リスクの緩和	21, 23	割引手形	133
リスクマネジメント	223	割引率	151
利息費用	163		

267

【著者紹介】

田中 智子（たなか・ともこ）

1958年北海道生まれ。米国ミシガン州立大学コミュニケーション学部修士課程修了。外資系の銀行や信用保険会社で主に企業の審査に従事し，アナリストやクレジットマネージャーとして数千社におよぶ日本と海外の企業の財務分析を担当。また融資，貿易，経理，内部監査にも関わる。その後独立しフェアサーチジャパン株式会社を設立。主に海外の顧客に対して日本の企業や業界に関するさまざまな情報を提供している。米国公認会計士。

［英 文 監 修］ 桑原 郷 ＆ Frederic Zimmer De Iuliis
［本文デザイン］ 川野有佐（ISSHIKI）

ネイティブに伝わる！
会計とコーポレート・ガバナンスの英語

2018年8月10日　第1版第1刷発行

著 者	田　中　智　子
発行者	山　本　　　継
発行所	㈱中 央 経 済 社
発売元	㈱中央経済グループパブリッシング

〒101-0051　東京都千代田区神田神保町1-31-2
電話　03（3293）3371（編集代表）
　　　03（3293）3381（営業代表）
http://www.chuokeizai.co.jp/
印刷／東光整版印刷㈱
製本／誠製本㈱

© 2018
Printed in Japan

＊頁の「欠落」や「順序違い」などがありましたらお取り替えいたしますので発売元までご送付ください。（送料小社負担）

ISBN978-4-502-27001-7 C3034

JCOPY〈出版者著作権管理機構委託出版物〉本書を無断で複写複製（コピー）することは，著作権法上の例外を除き，禁じられています。本書をコピーされる場合は事前に出版者著作権管理機構（JCOPY）の許諾を受けてください。
　JCOPY〈http://www.jcopy.or.jp　eメール：info@jcopy.or.jp　電話：03-3513-6969〉